사회적 히키코모리

사회적 히키코모리
社会的ひきこもり

제1판 1쇄 2026년 3월 24일

지은이 사이토 타마키
옮긴이 이정민·미우라 토모미
펴낸이 연주희
펴낸곳 에디투스
등록번호 제2015-000055호 (2015.06.23)
주소 경기도 성남시 분당구 황새울로351번길 10, 401호
전화 070-8777-4065
팩스 0303-3445-4065
이메일 editus2015@gmail.com
홈페이지 linktr.ee/editus_book

제작처 ㈜상지사피앤비

가격 18,000원

ISBN 979-11-91535-20-4 (93330)

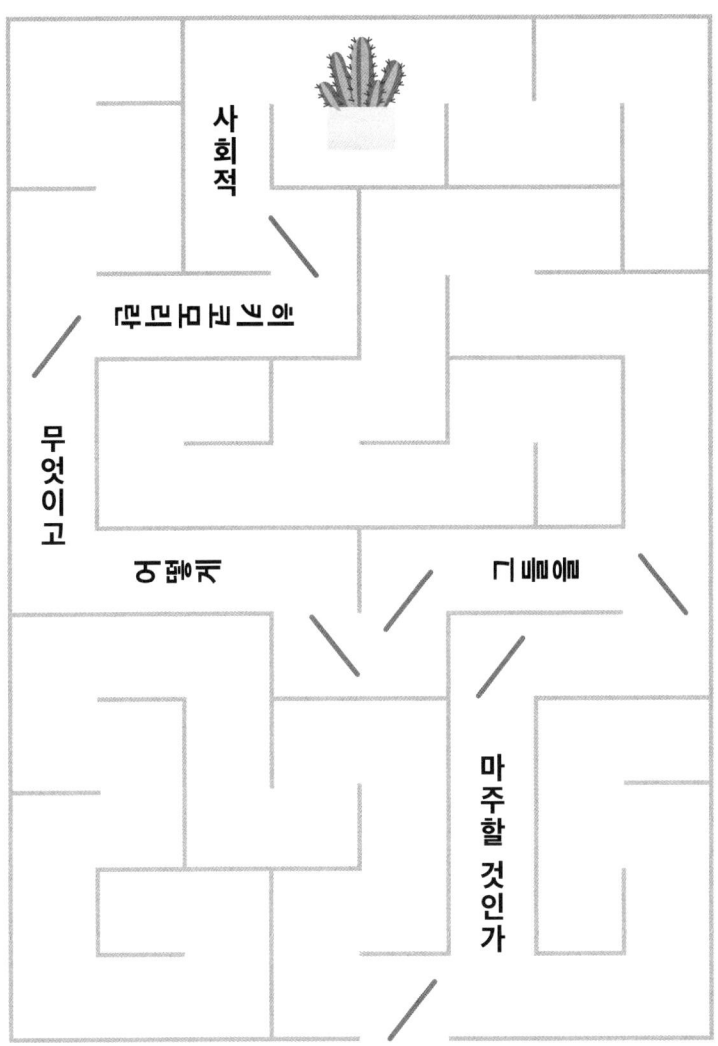

사회적 히키코모리

사이토 타마키 지음 | 이정민·미우라 토모미 옮김

에디투스

일러두기

- 이 책은 2020년 2월 출판된 『改訂版 社会的ひきこもり』(PHP 新書)를 번역한 것이다.
- 이 책의 저자인 사이토 타마키는 '히키코모리ひきこもり'라는 용어를 창시한 것으로 잘 알려져 있다. 그런데 이 '히키코모리'를 한국어로 어떻게 번역해야 할지에 대해서는 이견이 존재한다. 영어권에서처럼 원어를 그대로 사용(Hikikomori)할 것인가, 혹은 국어로 번역해야 할 것인가가 그것이다. 히키코모리는 한국에서 통상 "은둔형 외톨이(『2020 광주광역시 은둔형 외톨이 실태조사』)" 혹은 "고립, 은둔 청년(『2022 서울시 고립, 은둔 청년 실태조사』)"으로 번역된다. 그러나 본문에서도 볼 수 있듯이 '은둔'하지 않으며 어느 정도의 일상생활이 가능한(즉 '외톨이'는 아닌) 히키코모리가 있는 것도 사실이다. 만약 히키코모리 현상을 '은둔형 외톨이'나 '고립, 은둔 청년'으로 명명한다면 히키코모리에 대한 인식은 물론 기민한 대응이 늦어질 수 있다. 이를테면 "우리 아이는 방 바깥으로 잘 나가지 않지만 가족과 마주할 때도 있으며 때때로 간단한 아르바이트 정도는 하기 때문에 '은둔형' 외톨이는 아니다"라고 생각할 수 있다. 마찬가지로, "우리 아이는 방에 은둔하고 있지만 인터넷으로 여러 사람들과 교류하니까 은둔형 '외톨이'는 아니다"라고도 생각할 수 있다. 게다가 "청년"이라는 표현이 있을 경우 노령의 히키코모리는 대상 바깥에 놓이게 되기 때문에 더욱 문제적이다. 저자인 사이토가 말하듯이, 히키코모리는 이제 더 이상 젊은이들의 문제만은 아니기 때문이다. 히키코모리의 원어 자체는 '틀어박힌 이'라는 의미를 가지고 있다. 하지만 현상적인 차원에서 히키코모리의 양상은 매우 다양하기에 한 가지 표현으로 이 모든 양상을 담기는 불가능하다고 생각된다. 이는, 본서의 내용에서 알 수 있듯이 '틀어박힌' 곳이 자신의 방(공간)일 수도 있고 자신의 내면(심리)일 수도 있는 점에서 비롯된다(후자의 경우는 약간의 사회생활 혹은 가족과의 관계 맺음이 가능한 수준일 것이다). 따라서 '틀어박힘'의 수준을 주로 공간으로 설정해 왔던 그간의 한국어 번역어는 명백한 한계를 노출한다. 이에 본서에서는 잠정적으로나마 '히키코모리'를 가급적 원어 그대로 표현하고, 히키코모리가 동사형으로(ひきこもる) 사용되었을 경우에는 '틀어박히다'라는 표현을 사용하기로 하였다. 어쩔 수 없는 선택이지만, 독자들의 너른 이해를 부탁드리는 바이다. 또한, 앞으로 '히키코모리'의 번역명에 대한 논의가 활발하게 이루어지길 기대한다.
- 본서에서 사용되는 정신의학의 용어들은 모두 한국의 사정에 맞게 바꾸었다. (예: 통합 실조증 → 조현병)
- 특별한 표시가 없는 한 각주는 모두 저자의 것이다.

개정판 머리말

『사회적 히키코모리―끝나지 않는 청춘기』(1998)는 저에게 각별한 의미가 있는 책입니다. 제 단행본 데뷔는 이 책보다 수개월 앞서 출판된 『문맥병文脈病』(青土社)이었는데, 이 책은 제가 일반인을 상대로 썼던 첫 저작이자 또한 제 저서 가운데 유일한 '베스트셀러'이기도 합니다.

하지만 이미 20년 전에 나왔던 책이기도 합니다. 그래서 이번 개정판을 출간하면서 대강 읽어 봤더니, 생각했던 것보다 내용이 낡지 않아서 안심했습니다. 물론 사소한 부분에서 상황이 바뀌었거나 사고방식이 달라진 부분은 있습니다. 하지만 대응의 기본적 방침은 오늘날에도 변함이 없습니다. 이 점은 저에게 진보가 없었던 탓일까요, 혹은 30대부터 이미 탁월한 정신과 의사였기 때문일까요? 후자라고 생각하고 싶은 마음도 있지만, 판단은 독자에게 맡기고자 합니다.

모처럼 이 개정판을 구해 주신 분들을 위해서 이 책의 변경점을 간략히 다루어 보고자 합니다.

먼저 히키코모리의 정의입니다. "6개월 이상 사회 활동에 참여하지 않았다"와 "다른 정신 장애를 첫 번째 원인으로 보기 어렵다"라는 두 가지는 이후에도 후생노동성이나 내각에서 히키코모리의 정의로 사용되고 있기에 바꾸지 않았습니다.

다만, 처음에 정의했던 "20대 후반까지 문제화된다"라는 부분은 오늘날 이미 통용되지 않기 때문에 삭제했습니다. 30대, 40대부터 히키코모리가 되는 사람이 급증하고 있고, 이로 인해 히키코모리의 고령화가 급속도로 진행되고 있기 때문입니다.

전작에서는 히키코모리의 숫자를 "수십만 명"으로 추정하는 부분이 있었습니다. 그리고 당시 수행했던 인터뷰에서 100만 명이라고 언급한 바 있고, 그 숫자는 이 책의 띠지에서도 사용되었습니다. 당시에는 아직 국가나 지자체의 조사 등이 거의 없었기 때문에 체감적인 추정에 불과했지만, 최근의 조사를 보니 이러한 체감적 수치가 대략 맞아떨어진 숫자였음을 알게 되었습니다.

2016년 내각부는 15세부터 39세를 대상으로 수행한 히키코모리 실태 조사의 결과를 공개했는데, 이에 따르면 일본 전체로 볼 때 히키코모리 인구는 추계 54만 1,000명이었습니다. 또 2019년에도 내각부가 40세에서 64세의 시니어층을 대상으로 삼았던 히키코모리 조사 결과를 공개한 바 있는데, 여기에서는 전국에서 추계 61만 3,000명이었습니다. 단순하게 더할 수는 없는 일이지만 그래도 이는 100만 명 이상이 히키코모리 상태에 있다는 현황을 처음으로 밝힌 것이었습니다. 동시에 그때까지 '젊은이들의 문제'로만 여겨졌던 히키코모리가 모든 세대의 문제가 되어 가고 있다는 것도 인지되어 사회적으로 큰 충격을 주었습니다. 이제 히키코모리는 어디에서든, 누구든, 몇 살이든 일어날 수 있다고 생각해야 합니다.

히키코모리 인구의 증가와 더불어 앞서 언급한 히키코모리의 고령화 또한 오늘날 문제가 되고 있습니다. '80-50 문제'라는 말이 있습니다. 말 그대로 80대의 부모가 50대의 히키코모리 자식을 돌보는 가정을 의미하는 말인데, 이러한 상황이 드물지 않아 보이는 것이 현실입니다.

저는 2014년에 '사회법인 청소년건강센터'가 주최했던 가족회의 참가자를 대상으로 설문 조사를 실시했는데, 이때 당사자의 평균 연령은 34.4세, 부모의 평균 연령은 65.5세, 평균 히키코모리 기간은 12년 11개월로 심각한 고령화와 장기화 경향이 있음이 밝혀졌습니다. 자식을 돌보느라 피로가 쌓인 많은 가족이 우울증에 걸릴 높은 위험성을 안고 있다는 사실도 밝혀졌습니다.

고령화의 요인은 크게 나누자면 두 가지가 있습니다. 하나는 이 책에서 서술하고 있는 장기화 경향입니다. 사구 노력이나 사연적인 회복을 기대할 수 없는 이상, 어떤 식으로든 지원을 하지 않으면 히키코모리 상태는 필연적으로 장기화됩니다. 또 하나의 요인은 아까도 언급했던 히키코모리가 시작되는 연령이 올라갔다는 것입니다. 예전에는 등교 거부의 연장선상에서 히키코모리가 일어나는 경우가 많았고 따라서 히키코모리가 시작되는 평균 연령이 15세였습니다. 그러나 이번 조사에서는 평균 21.2세로 크게 상승했습니다. 이는 오늘날 취직했다가 얼마 지나지 않아 퇴직해 버린 후에 히키코모리가 되고 마는 사례가 증가했기 때문이라고 볼 수 있습니다.

이러한 고령화 경향은 앞으로 더욱 눈에 띌 것입니다. 여기서 '부모의 사망'이라는 새로운 문제가 발생합니다. 부모가 사망한 후에 히키코모리 본인은 사회 복지에 몸을 맡길 수밖에 없습니다. 이러한 독신자가 10만 명 단위로 출현하게 된다면 복지 재원이 크게 압박을 받게 될 것입니다. 더욱 일어날 가능성이 높은 사태는 많은 당사자가 복지를 신청하지 않아 고독사를 피하지 못하게 되는 것입니다.

2012년에 저와 파이낸셜 플래너(FP)의 하타나카 마사코畠中雅子 씨가 공동으로 썼던 『히키코모리의 라이프 플랜ひきこもりのライフプラン』(岩波書店)은 경제적인 '인생 설계'라는 시각에서 '히키코모리'의 서바이벌 방법을 해설하는 새로운 시도였습니다.

『사회적 히키코모리 — 끝나지 않는 청춘기』가 출판되고 2년 후였던 2000년에 가시와자키柏崎 소녀 감금 사건*과 니시테쓰西鐵

---

* 2000년 일본 니가타현의 가시와자키에서 일어난 사건. 1990년, 정신병적 경향이 있는 30대 남성이 초등학교 여학생을 납치한 후 10년에 가까운 시간 동안 감금하고 갖은 폭력을 가하였다. 남성은 부모와 같이 살고 있었는데, 부모는 아들의 폭력을 두려워하여 관계를 기피했기 때문에 감금 사실조차 알지 못했다. 어느 날 아들의 폭력을 견디다 못한 부모가 보건소 직원에게 신고했고, 보건소 직원이 그의 방을 수색하던 중 우연하게 소녀를 발견하여 사건이 세상에 알려지게 되었다. — 옮긴이 주.

버스 점령 사건*이 일어났고, 이 두 사건을 계기로 히키코모리라는 말이 순식간에 퍼졌습니다. 이러한 상황을 맞이하고 2003년에 후생노동성이 처음으로 히키코모리에 대한 가이드라인을 만들었지만 충분했다고는 할 수 없었습니다. 2007년부터는 후생노동성의 연구실(저도 연구원 중 한 사람이었습니다)이 3년 넘게 수행했던 조사 연구를 기초로 하여 「히키코모리의 평가와 지원에 관한 가이드라인」을 정리했는데, 의료적이긴 하지만 상당히 구체적인 대응 방법을 다루고 있습니다.

그 밖에도 후생노동성은 2009년도부터 '히키코모리 대책 추진 사업'을 수립하여 모든 도도부현都道府県과 정령 지정 도시**에 '히키코모리 지역 지원 센터'를 설치하였고, 오늘날 이곳은 가장 빠르게 상담할 수 있는 창구로 기능하고 있습니다. 또 '히키코모리 대책 추진 사업'은 '생활 곤란자 자립 지원 제도'와 연계하여 히키코모리 당사자를 지원하도록 권장되고 있으며, 당사자의 자립을 위한 포괄적인 지원을 제공하고 있습니다.

히키코모리를 벗어나기 위한 일반적인 출구로는 취업 지원이 있는데, 이 창구도 20년 사이에 상당한 진보가 있었습니다. 그중

---

* 일명 '네오무기차ネオむぎ茶' 사건. 2000년, 정신질환을 앓고 있던 소년이 인터넷 게시판에 범행을 예고하고 식칼을 휴대하여 니시테쓰사의 고속버스를 점령한 사건이다. 16시간 동안 이어진 인질극 끝에 다수의 부상자와 한 명의 사망자가 발생했다. '네오무기차'는 인터넷상에서 소년이 사용하던 닉네임이었다. — 옮긴이 주.
** 政令指定都市. 행정 구역의 명칭으로, 광역 지차체(도도부현)에 속하지만 지방 자치법에 의해 도도부현에 준하는 권한을 가지고 자치권을 행사할 수 있다. 한국의 광역시와 유사한 개념이다. 인구는 통상 70만 이상이며 오늘날 일본에는 20개의 정령 지정 도시가 있다. — 옮긴이 주.

에서도 이용하기 쉬운 것은 '지역 청년 서포트 스테이션地域若者サポートステーション'일 것입니다. 이용자의 연령 제한(39세까지)이 있지만 장애의 유무를 묻지 않으며 취업에 자신이 없는 청년이면 누구나 이용할 수 있습니다. 장애인의 취업으로는 '취업 계속 지원'이나 '취업 이행 지원'도 이용이 가능합니다. 이들은 실질적으로 연령 제한이 없기 때문에 시니어 세대의 히키코모리분들도 과거에 비해 상당히 쉽게 취업할 수 있는 환경이 되었습니다. 여기까지는 소수의 적극적인 변화였습니다. 문제는 지원 체계의 정비보다 훨씬 급속하게 히키코모리의 고령화와 양적 증가가 진행되어 있다는 것입니다.

현재 제가 히키코모리를 지원하는 데 어떠한 자세로 임하고 있는지 간결하게 설명해 보고자 합니다.

책을 개정하기 전에 저는 솔직한 마음으로 "히키코모리는 진료를 받아야 한다"라고 했습니다. 혹은 "히키코모리 상태가 수년 이상 지속되어 만성화된 경우에는 가족의 충분한 보호와 전문가의 진료가 없으면 다시 일어설 수가 없다"라고도 했습니다. 물론 강제적인 의미는 아니었지만, 이와 같은 '진료의 필요성'에 관한 언급이 조금 지나쳤던 것 같습니다. 그렇기에 개정판에서는 정정해 두었습니다.

변명을 좀 하자면 당시의 저는 "히키코모리여도 괜찮다"처럼 무책임하게 아무 말이나 하는 '유식자'들에게 강하게 분노하고 있었습니다. 등교 거부나 히키코모리를 치료한다고 다가서는 것이 인도적인 관점에서 죄를 짓는 것인 양 비판하는 데에도 분노를 느끼고 있었습니다. 방치해서 해결할 수 있다면 그렇게 하고 싶지만, 이러한 태도가 오늘날의 '80-50 문제'로 이어지고 있음을 생각한다면 적어도 사회적 수요에 대응할 만한 준비만큼은 해 두고 싶습니다.

그렇다고 해서 누구에게나 일률적인 지원을 하자는 것은 아닙니다. 제 입장에서 보자면 히키코모리는 '병'이 아니라 '곤란한 상황에 놓인 성실한 사람'입니다. 그렇기에 히키코모리 당사자의 사회적 요구는 다양합니다. 지원을 요구하지 않는 경우나 지원을 요구하는 경우, 지금은 지원을 요구하고 있지 않지만 잠재적으로 지원을 요구할 수 있을 경우, 그리고 본인은 필요하지 않지만 부모가 지원을 요구하는 경우 등 다양한 부류의 히키코모리분들이 있습니다.

그렇다면 '아무 요구도 하지 않는 히키코모리'는 방치해도 될까요? 이것 또한 안 될 일이라고 생각합니다. 지금은 고집을 부리면서 거부해도 가족 관계가 복원되면 새로운 요구가 생길 수 있습니다. 그렇기 때문에 기회가 있을 때마다 새로운 접근을 시도하고, 기회가 있으면 무엇을 원하는지 물어보기도 하다가 거절당하면 또 다른 기회를 살피면 됩니다.

이러한 행동이 쓸데없는 참견처럼 보일지도 모릅니다. 그러나 이러한 '부드러운 참견'이라는 지원 방식은 최근 의존증을 다루는 업계에서도 추천되고 있습니다. 당사자에게 절대로 강요나 강제를 하지 않는다는 조건으로, 저는 이러한 방식이 받아들여질 수 있기를 바랍니다.

마지막으로 최근 20년간 개인적으로 일어났던 가장 큰 변화에 대해서 서술하고자 합니다. 최근 우리는 히키코모리를 지원함에 있어 'Open Dialogue(이하 OD, 열려 있는 대화)'를 응용하려 하고 있습니다. OD는 핀란드의 서부 라플란드 지방에 있는 케로푸다스Keropudas 병원 직원들을 중심으로 1980년대부터 개발과 실천이 지속적으로 이어져 왔던 정신병 케어의 기법과 시스템입니다. 약물이나 입원 치료는 거의 없고 대화만으로 이루어진 치료 방식을 통해 양호한 성과를 내고 있으며, 최근 국제적으로도 주목을 받고 있습니다. 이에 대한 자세한 내용은 졸저『'오픈 다이얼로그'란 무엇인가オープンダイアローグとは何か』(医学書院)나 번역서『열린 대화와 미래開かれた対話と未来』(医学書院)를 참고해 주시기 바랍니다.

OD의 핵심은 타자를 철저하게 존경하는 '대화'의 자세입니다. 어느 히키코모리 당사자의 말을 빌린다면, 설득이나 논의는 당사자의 힘을 빼앗는 행위입니다. 그러므로 정중한 자세로 당사자의 목소리에 귀를 기울이고 성실하게 응하는 '대화'를 통해 스스로의 입장의 '차이'를 파고들어 가는 과정 자체가 당사자에게 자신감을 주는 효과가 있다고 합니다. 즉, 기법이나 기술이 없어도 좋은 대화를 이어 가는 것 자체만으로 상태의 개선과 회복으로 나아가게 됩니다. 우리는 OD가 이미 히키코모리에 대해서도 효과적이라는 것을 확인하였으며, 가족 모임에서도 이를 응용하려 하고 있습니다.

저는 이 책에서 당사자와 '대화'하는 일의 중요성을 여러 번 강조하고 있습니다. 일상적이고 부담 없는 대화를 지속해 가는 일이 당사자와의 관계를 개선하고 마음을 놓을 수 있는 안전한 환경을 다지며 주체성을 회복하는 데 중요하다는 것입니다. 저는 20년 가까이 가족 모임이나 강연회에서 이를 일관되게 강조해 왔습니다. 그러한 의미에서 OD와의 만남은 필연적이며, 이후 더욱 세련된 방식의 대화 실천을 지원에 도입할 수 있을 것입니다.

2019년 12월 15일 섣달의 다카마쓰高松 공항에서

사이토 타마키

들어가기

여러분 주변에서 이런 사람의 이야기를 들어 본 적이 있지 않습니까?

"벌써 서른이 다 됐는데 일도 안 하고 집에서 쉬고만 있다."
"밖에 거의 안 나가고, 집에 있어도 자기 방에서 나오지 않는다."
"대낮에도 커튼을 꽁꽁 닫아 버리고 밤낮 없는 생활을 몇 년이나 이어 가고 있다."
"가끔씩 부모가 일을 하라고 하면 화를 내거나 폭력적인 태도를 보인다."

여러분은 이러한 사람에 대해서 어떻게 생각하십니까? 예를 들자면 이렇게 생각하실 수 있겠지요.

"다 큰 어른이 일도 안 하고 쉬고만 있는 건 창피한 일이다. 주변 사람들은 왜 그냥 방치하는 걸까."

"이러한 '오타쿠' 같은 인간이 얌전해 보이지만 실은 가장 위험하다. 얼른 정신과에 입원시켜야 한다."

"일하지 않는 자 먹지도 말라. 일할 생각이 없다면 요트 스쿨* 같은 곳에서 근성을 다지는 것이 가장 좋은 방법이다."

"자식 키우는 방법이 틀렸다. 그건 부모의 책임이니까 평생 돌봐야 하는 것도 당연하다."

"이런 무기력한 인간을 계속 돌보는 것은 결국 우리의 세금이다. 사회 문제로 대책을 강구해야 한다."

이런 의견 모두가 대단히 말끔한 '정론正論'이긴 합니다.

그런데 이런 청소년이 전국에 수십만 명이나 있다고 한다면 어떨까요? 그 상당수가 바로 이러한 소위 '정론'에 시달리면서 '히키코모리'나 '자기 고립'에서 벗어나지 못하고 있다고 한다면 어떨까요? 이는 결코 가정이 아닙니다.

'사회적 히키코모리'라는 말을 알고 계십니까? 이는 'Social withdrawal'이라는, 본래는 다양한 정신 장애에서 볼 수 있는 하나

---

* 문맥으로 보아 '도츠카 요트 스쿨 塚ヨットスクール' 사건을 가리키는 것으로 보인다. 1970년대 후반에 개설된 도츠카 요트 스쿨에서 등교 거부자나 비행 청소년을 선도한다는 명목으로 감금과 체벌을 가해 다수의 사망자와 실종자, 부상자 발생했다. 센터장 도츠카 히로시는 오랜 재판 끝에 6년의 징역형을 받았으나, 출소한 후에도 자신의 교육 방침을 바꾸지 않을 것이라 공언하여 논란이 되었다. ─ 옮긴이 주.

의 증상을 뜻하는 정신의학의 용어입니다.

최근, 일본에는 '사회적 히키코모리' 내지는 '히키코모리'라고 불리는 상태에 처한 청소년이 상당수 존재하는 것으로 알려졌습니다. 일설로는 수십만 명이라고도 하며, 또한 해마다 그 수가 늘어나고 있다고 합니다. 물론 그 실태를 조사하기는 매우 어렵기 때문에 아직까지 정확한 숫자가 파악되지는 못했습니다.

그런데 우리 정신과 의사들이 진료를 할 때 이러한 청년들을 만나는 경우가 조금씩 많아지고 있는 듯한 인상이 있습니다. 저뿐만 아니라 그렇게 실감하는 의사는 결코 적지 않습니다. 저는 정신과 의사로서 지금까지 약 10년 동안 이러한 히키코모리 청소년들과 깊은 관계를 맺어 왔습니다. 아마 지금까지 경험한 사례가 200건을 넘은 것 같습니다. 이는 물론 일정 정도의 치료 관계를 맺은 사례에 한하기 때문에 초진 혹은 상담만 하는 사례를 포함한다면 그 몇 배가 될 것입니다.

저는 쓰쿠바 대학 의학부를 졸업한 후에 고故 이나무라 히로시稲村博 조교수의 연구실에 들어갔습니다. 그 연구실에 들어가서 처음 만났던 청년들이 바로 '사회적 히키코모리'의 사례였습니다. 이나무라 선생님은 이 분야에서 일종의 선구자적 존재였습니다.

물론 이나무라 선생님 이전에도 가사하라 요미시笠原嘉 씨가 지적했던 '스튜던트 애퍼시'*나 '퇴각 신경증'** 등의 문제가 있었음을 간과할 수 없습니다. 이것들 모두가 일본에서 특히 심한 청소년의 무기력 병리를 연구하는 데 시초가 된 매우 중요한 보고라고 할 수 있겠습니다.

하지만 제가 마주해 온 '사회적 히키코모리'는 더 복잡하고 넓은 범위를 가졌으며 좀처럼 전모를 파악하기 어려운 문제라고 할 수 있습니다. '사회적 히키코모리'에는 다양한 사춘기의 문제 행동이 결합되어 있습니다. 등교 거부, 가정 내 폭력, 자살 기도, 대인 공포, 강박 행위 등 각각 혹은 이 모든 것이 어떤 형태로든 '사회적 히키코모리'와 함께 존재하고 있습니다.

물론 '사회적 히키코모리'란 하나의 증상이지 병명이 아닙니다. 나중에 언급하겠지만, 사회적 히키코모리는 다양한 질병에 동반해서 나타나는 경우도 종종 볼 수 있습니다. 정신과 의사에 따라서는 '사회적 히키코모리'를 진단명으로 삼아서는 안 되며, 어디까지나 여러 증상과 함께 나타나는 것으로 진단해야 한다는 의견도 적지 않습니다.

본문에서도 설명하고 있지만 제가 굳이 '히키코모리'라는 증상에 주목하는 이유는 첫 번째로 이 관점이 가장 심플하면서도 개별적으로 대응하는 데 열려 있다고 생각했기 때문입니다. 임상에서는 단순함과 동시에 응용, 발전의 가능성이 높은 관점을 가장 효

---

* Student apathy. 한국에서는 '학생 무기력증'이니 '학업 무관심'으로 번역되기도 한다. 일반적으로 학생이 어느 날 심한 무기력증에 빠져 출석은 물론 학업 자체를 포기해 버리는 현상을 가리킨다. 그러나 아르바이트 또는 동아리 활동은 지속하는 경우도 있기에 완전한 무기력 상태는 아니라 할 수 있다. ― 옮긴이 주.

** 원문은 "退却神経症", 영어로는 'Withdrawal neurosis' 또는 'Retreat neurosis'로 표기한다. 가사하라 요미시가 1960년대 대학의 장기 유급자에게 특유의 무기력 증상이 있음을 발견한 후 연구가 시작되었다. 이는 일반적으로 개인의 부업은 유지할 수 있을지언정 사회적 역할이라 할 수 있는 본업을 수행하는 데 있어 심한 무기력증과 무관심, 우울감을 느끼는 신경증을 의미한다. ― 옮긴이 주.

과적이라고 봅니다. 특히 '사회적 히키코모리'와 같이 개인 병리만으로 두고 볼 수 없는 문제에서 관점을 어디에 둘지는 매우 중요합니다. 그로 인해 문제의 모습도 완전히 달라지기 때문입니다.

'히키코모리'에 주목하자면, 과연 이러한 사례가 증가하고 있다고 할 수 있을까요? 저는 대학원에서는 '사회적 히키코모리'와 꽤 인연이 깊은 입장이었지만 대학원을 졸업하고 근무의가 된 후로는 극히 일반적인 정신 병원이나 진료소에서 진료를 계속하고 있습니다. 임상 10년차라는 것은 정신과 의사로서는 비로소 신입 취급을 받지 않게 됨과 동시에 중견의 입구로 들어서는 위치입니다. 그런데도 '히키코모리' 사례를 이 10년 사이에 200건 정도 보았다는 것은 같은 세대의 평균적인 정신과 의사에 비하면 많은 편일 것입니다. 동시에 이 숫자는 일상적인 진료에서도 '사회적 히키코모리' 사례의 상담 건수가 상당히 많아지고 있음을 의미하고 있지는 않을까요?

물론 '사회적 히키코모리'를 그 자체로 '병'이라 단정 짓기에는 신중한 판단이 필요합니다. 하지만 제 스스로의 임상 경험에서 보자면, '사회적 히키코모리'가 장기화될 경우 다양한 병리의 온상이 되기 쉽다는 것만은 단언할 수 있습니다. 그리고 이 문제는 여러 가지 사정 때문에 제대로 된 이해를 얻지 못하고 있습니다. 그것이 정신 장애인지 아닌지, 사회의 왜곡이 반영되어 있는지, 가족 병리로 봐야 하는지 정도의 논의도 거의 이루어지지 않고 있습니다. 참고 문헌이 대단히 적은 것도 적절한 대처를 어렵게 만들고 있다고 할 수 있습니다.

제가 이 책을 쓰는 동기는 바로 이러한 현상에 대한 위기감 때문입니다. 부족한 이해로 인해 그때마다 다른 대응이 이루어지고 해결이 늦어지는 것, 사회 병리나 세대적인 병리라는 인식 때문에 개별적이고 구체적인 지침의 검토가 늦어지는 것. 이처럼 대응이 늦어지는 문제는 더 이상 용납될 수 없습니다. 제 자신의 임상 경험이 조금이라도 도움이 되었으면 하는 마음과 이런 부득이한 조바심이 저로 하여금 이 책을 쓰게 만들었습니다. 신출내기 시절부터 오늘날에 이르기까지 임상 경험에 압도되기 십상이었던 제가 스스로의 임상에 관해서 정리해 보려는 목적도 있습니다.

이 책은 크게 이론 편과 실천 편으로 나눠져 있습니다. 이론 편에서는 저의 치료 경험을 중심으로 사례에 기초해서 검토하고자 합니다. 이때 다양한 이론에 비추어 검증하려고 노력했는데, '이론'의 영역은 어디까지나 이해를 돕기 위한 내용 정도로 정리했습니다. 실천 편에서는 구체적인 대응 방침에 대해 되도록 상세하고 알기 쉽게 쓰려고 노력했습니다. 이 부분의 실용적 가치에 대해 자부하지만, 물론 개인의 임상 체험이란 것은 한쪽으로 기울어져 있기 마련입니다. 실제적인 도움이 되길 바라는 마음과 함께, 앞으로 이 문제에 대한 논의의 단초를 마련하는 하나의 계기가 되기를 바랍니다.

차례

제1부
지금 무엇이 일어나고 있는가
─ 이론 편 ─

제2부
'사회적 히키코모리'와 어떻게 마주할 것인가
— 실천 편 —

제1부

지금 무엇이 일어나고 있는가

— 이론 편 —

1. '사회적 히키코모리'란 무엇인가

무관심으로 인한 비극

1996년 11월, 도쿄의 회사원이 중학생 아들을 야구 배트로 때려 죽인 슬픈 사건이 일어났습니다. 성실하고 열심히 일했던 아버지가 아들의 가정 폭력을 견디다 못해 일어난 사건이었습니다. 11월 7일자 아사히 신문의 기사에 따르면, 아들은 1년 정도 전부터 학교를 쉬는 날이 많아졌고 가족에게도 폭력을 행사하게 되었다고 합니다. 이 때문에 어머니와 별거하게 되었고 계속 아버지와 둘이서 생활하고 있었지만 아버지를 향한 폭력은 낳이지 않았다고 합니다.

갑자기 비참한 사건을 꺼내서 당황하셨을지도 모르겠습니다. 하지만 이와 비슷한 사건은 지금도 몇 번이나 일어나고 있습니다. 이것들은 모두 '사회적 히키코모리' 문제와 깊은 관계를 가지고 있는 것으로 보입니다. 저 자신이 외래에서 상담을 했던 경험을 생각해 보아도, 막다른 곳에 몰린 나머지 이런 사태로까지 이어질 뻔했던 사례는 전혀 드물지 않습니다. 그런 만큼 이처럼 참혹한 사건을 볼 때마다 저는 슬픔을 참을 수 없습니다.

이러한 범죄의 배경에는 분명 일종의 무지無知가 있습니다. '무지'가 단순히 개인에만 해당하지 않는다는 점은 문제를 어렵게 만듭니다. 그것은 구조적인 무지이자 이 사회 전체의 무관심으로 인해 생겨난 무지라고 할 수 있습니다. 무관심이 계속되는 한, 이처럼 가슴 아픈 사건이 끊이지 않을 것입니다. 사춘기의 마음, 특히 '사회적 히키코모리'에 대한 몰이해와 무관심이 계속되는 한 그럴 것입니다.

반대로 사춘기의 마음에 대한 관심이 이렇게 높았던 시기는 없지 않았나 하는 의견도 물론 있을지 모릅니다. 그것은 한편으로 진실이긴 합니다. 그러나 유감스럽게도 여기서 관심을 받고 있는 것은 '사회 현상으로서의 사춘기'에 불과합니다. 여기서 구체적인 예를 들지는 않겠지만 '풍속으로서의 사춘기'나 '병리로서의 사춘기', '사건으로서의 사춘기'가 이에 해당됩니다. 한편으로 '히키코모리에 빠져 버린 사춘기'는 계속 무시된 채로 남아 있습니다.

그렇다면 '사회적 히키코모리'란 무엇을 가리키는 것일까요?

네 가지 사례

예를 들어 '등교 거부'가 모종의 이유로 장기화되면 그중 일부는 학적을 잃고 20대가 되어도 집에 틀어박힌 상태로 지내게 됩니다. 이렇게 집에 틀어박힌 일부(혹은 대부분)가 사회와의 관계를 갖지 못한 채 '히키코모리 상태'에 이르게 됩니다.

'사회적 히키코모리'라는 말은 'Social withdrawal'이라는 영어의 직역이라 익숙하지 않은데, 여기서 말하는 '사회'란 대인 관계의 거의 모든 것을 가리키는 용어로 이해하면 됩니다. 가족 이외의 모든 대인 관계를 피하고 거기서 철수해 버리는 것. 그것이 '사회적 히키코모리'입니다.

물론 사회적 히키코모리 상태에 이르는 계기에는 등교 거부 외에도 다양한 이유들이 있습니다. 하지만 제 조사와 경험에 따르면 역시 등교 거부가 그대로 장기화되어 버린 사례가 압도적으로 많은 것 같습니다. 이 조사 결과에 대해서는 나중에 구체적으로 제시하기로 하고, 여기서는 몇 가지 사례를 구체적으로 언급해 보도록 하겠습니다.

사례 1: 29세 여성

내향적이면서 수줍음을 많이 타고 성실한 성격이었지만 고등학교 졸업까지는 큰 문제 없이 보냈다. 전문학교에서 서양식 재봉을 공부하고 양품점에 취직했지만 대인 관계가 잘 풀리지 않아 반년 후에 퇴직, 그 후부터 자기 방에 틀어박혀 있기 시작했다. 식사도 거의 하러 나오지 않게 되고, 원래 깨끗한 환경을 좋아했음에도 불구하고 목욕도 하지 않게 되었다. 그래도 이듬해에 사무실에 취직했지만 상사가 그녀를 마음에 들어 하지 않아서 결국 반년 만에 일을 그만두었고, 그 후에는 집에서 수공예 소품을 만들어 친척에게 팔거나 몸이 아픈 할아버지의 간호를 하면서 지냈다.

그런데 어느 날, 친척에게서 수공예품의 솜씨가 좋지 않다고 지적을 받은 적이 있었다. 본인은 이로 인해 큰 충격을 받았고, 이후 소품을 전혀 만들지 않게 되었다. 게다가 이 직후에 할아버지가 사망하면서 그녀는 더욱 크게 낙담했다. 한동안 망연자실한 채 아무것도 손에 잡히지 않는 상태가 계속되었는데, 이윽고 완전히 집에 틀어박혀 버렸다. 자기 방에서도 거의 나오지 않고 가족과도 얼굴을 마주하길 꺼리고 있다. 낮에는 거의 침대에서 보내며 한밤중이 되어서야 일어나서 음악을 듣고 있는 것 같다. 이러한 상태가 2년 정도 계속되고 있다.

사례 2: 21세 남성

어렸을 때는 승부욕이 강하며 활발했고 고등학교까지는 스포츠와 학업에도 열심이어서 지망하는 대학에도 순조롭게 합격했다. 대학에서는 테니스 동아리에 들어갔고 수업에도 성실하게 출석했다. 그러나 대학 1학년 여름 방학이 끝나고 나서부터 갑자기 수업에 나오지 않게 되었다. 부모가 이유를 물어보니 어떤 과목의 반에 적응하지 못했고 거기에 녹아들 수 없다고 했다.

그 후 점차 다른 사람의 눈치를 보게 되어 전철조차 타기 어려워졌다. 대학 2학년 때 시험 기간에 전철을 타지 못한 채로 집에 돌아왔고, 정신과에서 대인 공포증으로 진단받았다. 그 후부터 계속 부모와 함께 학교에 갔지만 교실에는 들어갈 수 없었다. 이후 상담을 한 달 동안 받고 나서야 약간 불안이 희미해졌고, 우체국 아르바이트 등을 비롯해 성인식에도 참석할 수 있게 되었다. 하지만 그렇다 해도 대학의 교실에 들어갈 수는 없었다.

대학의 카운슬링 룸에도 다녔지만 계속 가지 못했고 결국 휴학하게 되었다. 그 후부터 집에서 지내고 있다. 신문 배달 아르바이트를 계속하고 오토바이로 외출하거나 테니스를 치는 등 집에서는 비교적 밝게 지내고 있지만 앞으로의 구체적인 전망은 여전히 보이지 않고 있다.

사례 3: 30세 남성

초, 중학교 때는 큰 문제 없이 지냈지만 고등학교 1학년 때부터 등교를 거부했고, 마음에 들지 않으면 물건을 집어 던지는 등의 폭력적 행동을 보이기 시작했다. 고등학교는 중퇴했지만 통신 교육으로 고졸 자격을 취득했다. 이후 집안의 오염에 대단히 민감해져서 조금이라도 더러운 곳이 있으면 화를 내며 어머니에게 폭력을 행사했다. 거의 매일같이 폭력에 시달리자 어머니는 집을 떠나 버렸고, 이윽고 아버지도 집을 나가지 않을 수 없었다.

그 후부터 떨어져 살면서 부모는 새로 지은 집에 살게 되었고 본인은 원래 집에 머물면서 6년이라는 시간이 흘렀다. 현재까지 본인은 취직하지 않고 부모로부터 생활비를 받아 혼자 생활하고 있다.

밤낮이 바뀐 생활을 하면서 창문이나 현관 등을 잠그고 부모와는 메모로 연락한다. 친구를 포함해서 인간 관계는 전혀 보이지 않는다. 최근에는 고가의 오디오 기기를 사 달라고 일방적으로 요구해 왔다. 사 줬더니 이번에는 자기가 원했던 바로 그 물건이 도착하지 않았다고 불평을 했다. 그때 부모가 "자기 일은 스스로 해"라고 하자 화를 내며 고액의 '벌금'을 요구하거나 "반드시 죽여 버린다"며 협박이나 다름없는 편지를 부모에게 보내기도 했다.

사례 4: 29세 남성

원래부터 마음이 약했고, 중학교 시절에 클럽을 그만둘 때에도 스스로 말하지 못해서 아버지에게 탈퇴를 대신 신청해 달라고 부탁하거나 무단으로 그만두기도 했다. 또 고등학교 때 술을 마시고 소란을 피운 적이 있었다.

대학을 졸업한 후에는 집 근처의 회사에 취직했지만 한 달 만에 그만두었고, 다음에 들어간 회사도 반년 만에 그만두었다. 이후에도 몇 가지 직업을 전전했지만 모두 몇 달밖에 지속되지 않았다. 또한, 회사를 그만둘 때도 무단 결근이나 갑자기 사라져 버리는 식으로 그만두었다. 이후 자택에서 히키코모리 생활을 계속했다.

이러한 생활의 괴로움 때문인지 26세 되던 해 5월에 자기 손목을 그었고 이후 정신과에 다니게 되었다. 그 후에도 가정 폭력과 같은 행동이 있었지만 주치의의 지도에 따라 현재는 비교적 차분한 상태에 있다. 그러나 여전히 자택에서 히키코모리 상태로 무위도식하고 있다.

일시적인 유행이 아니다

사실대로 말하자면, 여기에서 든 사례는 제 자신이 경험한 것과 그렇지 않은 몇 가지 사례를 합성한 픽션입니다. 일반인들이 보는 책에서 사례 보고를 자세히 하지는 않는다는 제 입장을 양해해 주시기 바랍니다.

사회로부터 떨어져 틀어박히게 되는 과정은 실로 다양합니다.

그러나 동시에 그 과정에서 몇 가지 공통점도 찾을 수 있습니다.

사례의 대부분은 원래부터 내성적인 성격이었고, 가정에서는 '손이 많이 가지 않는 착한 아이'로 여겨졌던 아이들입니다. 반항한 적도 거의 없고, 굳이 말하자면 성격이 너무 꼼꼼하다는 점 등, 나중에 강박 증상(무의미한 확인 행위 등)으로 이어지는 경향이 있다는 것은 맞습니다. 다만 히키코모리가 된 아이들 모두가 이런 성격과 경향을 가지고 있는가 하면 꼭 그렇지는 않습니다. 중학교까지는 활발했고 학급 위원 등도 맡았던 아이나 고등학교 때까지 스포츠를 잘하고 적극적으로 주장을 펼치던 아이도 어떠한 좌절을 계기로 사람이 변한 것처럼 우울해져 틀어박히고 마는 경우도 드물지 않습니다. 일정한 성격이나 경향과 직접적인 연관성이 없다는 점도 히키코모리 사례의 특징이라고, 저는 생각합니다.

다만 한 가지 분명한 경향이 보입니다. '사회적 히키코모리'에는 남성이 압도적으로 많다는 것입니다. 또한 제 통계 결과를 보자면 형제 중에 장남에게서 이러한 경향이 많이 보입니다. 여성 사례도 없는 것은 아니지만 일반적으로 그렇게 장기화되지는 않는 것 같습니다. 부모 모두가 고학력인 중산층 이상의 가정에 많고, 열심히 일히지만 양육에는 무관심한 아버지와 과민하고 간섭이 지나친 어머니라는 조합은 여기서도 드물지 않습니다. 또한 가족이나 친척 등 주위에 우수하고 근면한 사람이 많다는 것이 본인에게 부담이 되는 경우도 적지 않습니다.

일단 히키코모리 상태에 들어서면 거의 외출도 하지 않은 채 밤낮이 바뀐 생활을 하게 되며 가족을 피해서 자기 방에 틀어박힌 상태가 계속됩니다. 본인의 자존심이나 사회적인 체면, 가족 관계의 악화 등이 어우러져 고민이나 갈등이 커지고, 때로는 가정 폭력이나 자살 미수까지 이르는 경우도 있습니다. 또한 강박 증상과 대인 공포 증상 등의 정신 증상을 보이는 경우도 있습니다. 그러한 증상이 한층 더 히키코모리 상태를 장기화시켜서 그로부터 빠져나오기 어려워지는 악순환이 일어납니다.

이렇게 해서 고집스럽다고 해도 좋을 정도의 무위도식과 히키코모리 상태가 오랜 기간 계속됩니다. 그 기간은 몇 달에서 몇 년 정도, 긴 경우는 십수 년 이상의 장기간에 걸쳐서 히키코모리가 계속되는 사례도 경험한 바 있습니다.

경과가 길어질 경우, 겉으로 보기에는 마치 무기력하고 게으름만 부리는 듯한 상태가 됩니다. 그러나 실제로는 이러한 겉모습 뒤에 깊은 갈등이나 강한 초조함을 감추고 있는 경우가 종종 있습니다. 그 증거로, 무위도식하는 나날을 보내면서도 그들 대부분은 지루함을 느끼지 못합니다. 이는 무엇보다 그들이 지루함을 느낄 정도의 정신적 여유도 없기 때문이라고 생각됩니다.

오늘날 사회적 히키코모리의 문제는 이중 삼중으로 어려운 상황에 처해 있습니다. 가장 큰 문제는 예방이나 치료가 충분히 가능함에도 불구하고 그들을 받아 주는 곳이 거의 없다는 것입니다. 이러한 사례로 인해 고통받는 가족이 상담하러 갈 수 있는 곳은 현실적으로 정신과뿐인데, 정신과 의사조차 이런 종류의 문제에 관해서는 왠지 소극적입니다. 일본의 정신과 의사가 '사회적 히키코모리'에 대해 어떤 견해를 가지고 있는지는 이후의 장에서도 자세히 접할 수 있지만, 어쨌든 대응책이 너무 늦어지고 있습니다. 이대로는 안 될 가장 큰 이유는 히키코모리 상태가 자연스럽게 해결되는 경우가 거의 없기 때문입니다. 나중에도 언급하겠지만, 사회적 히키코모리 문제는 개인의 병리만으로는 설명할 수가 없으며 반드시 사회와 가족을 끌어들이는 하나의 병리 시스템으로 이해할 필요가 있습니다. 전문가가 이 병리 시스템을 해소하도록 노력해야 함에도 이 정도의 이해조차 아직 일정한 합의에 도달하지 못한 것이 현실입니다.

이것은 결코 '○○ 신드롬'이라든지 '○○ 증후군' 같은 한때의 유행으로 끝낼 수 없는 현상입니다. 제가 이 문제에 관여한 지 벌써 11년이 지났지만 그동안 조금도 사례가 줄어들 조짐이 보이지 않았습니다. 폭발적으로 늘고 있는 것은 아니지만 조금씩, 끊임없이 늘어난 데다가 좀처럼 줄어들지도 않고 있습니다. 유행하는 증후군보다 무서운 것은 오히려 이러한 현상이 아닐까요? 발생률이 감소한다고 해도 치료나 상담을 받지 않아 장기화되고 마는 사례의 수가 변하지 않는다면 전체적인 수는 서서히 증가하게 될 것입니다. 그때 우리 정신과 의사는 어떤 대책을 강구해야 할까요? 저는 스스로 경험한 것과 생각한 것, 행하고 있는 기의 모든 것을 이 책에서 보여 드리려고 합니다. 그것이 이 사회에 대한 일종의 도발이 되어 논의의 계기를 만들 수 있기를 바랍니다.

'사회적 히키코모리'의 정의

사회적 히키코모리의 문제에 대해 언급하기 전에 이 책에서 사용되는 '사회적 히키코모리'라는 말을 정의해 두고자 합니다. 이 책에서는 '사회적 히키코모리'를 다음과 같이 정의합니다.

"6개월 이상 자택에 틀어박혀 사회 참여를 하지 않는 상태가 지속되며, 다른 정신 장애를 가장 큰 원인으로 보기는 어려운 것"

'6개월' 이상이라는 것은 DSM-IV(미국 정신의학회 편: 정신 질환의 진단 및 통계 편람 제4판) 등에서 사용되는 정신 증상의 지속 기간으로서의 하나의 단위입니다. 물론 3개월이든 1년이든 상관없지만, 그렇게 정하지 않은 데에는 두 가지 이유가 있습니다. 첫 번째 이유는 6개월보다 단기간으로 설정했을 경우 주위 가족 등의 과잉 대응을 불러올 가능성이 있기 때문입니다. 휴식을 위해 비교적 짧은 기간의 히키코모리 상태가 필요한 경우도 결코 적지 않습니다. 저는 이러한 경우 재빨리 치료를 진행하는 것보다 푹 쉬게 하는 것이 바람직하다고 생각합니다. 두 번째로 6개월보다 긴 기간, 예를 들어 1년을 기준으로 본다면 이때는 대응이 늦어집니다. 그런 이유에서 저는 히키코모리 상태가 6개월간 계속되었을 때 주위 사람들만이라도 어떤 식이든 치료적 대응을 시작하는 편이 바람직하다고 봅니다.

두 번째 항목, 즉 다른 정신 장애에서 비롯된 것이 아니라는 조건에 대해서는 딱히 해설이 필요 없을 것입니다. 사회적 히키코모리와 같은 증상을 보이는 다른 정신 질환의 가능성을 부정하고 나서야 비로소 본격적인 대응과 치료를 시작할 수 있습니다. 사회적 히키코모리 상태를 나타내는 몇 가지 정신 장애에 대해서는 이후 장에서 자세히 설명하겠습니다.

증상과 진단을 둘러싼 문제

'사회적 히키코모리'라고 단순히 말해도 그 안에는 실로 다양한 상태의 증상이 포함되어 있습니다. 나중에 다시 다루겠지만, 정신과 의사 대부분은 드러나는 증상으로 히키코모리 상태를 진단하는 것이 바람직하다고 생각합니다. 즉, 대인 공포 증상이 강할 경우 '대인 공포증', 강박 증상이 강한 사례에 대해서는 '강박 신경증'이라고 진단하는 식입니다. 저는 이러한 입장도 상식적이라고 생각하므로 부정하지는 않지만 전면적으로 동의할 수는 없습니다. 그 이유는 무엇일까요?

예를 들어 감기에 걸린 사람을 진찰하는 경우, 기침이나 인후통, 두통, 발열 등은 '증상'입니다. 그 '상태'는 "열이 38도 정도이며 기침이 멈추지 않고 머리가 무거운 느낌이 든다"라고 표현할 수 있습니다. 이렇게 해서 예를 들어 '상기도 감염'이라는 '진단'이 내려집니다. 사회적 히키코모리를 '증상으로 진단'하는 일이, 제게는 아무래도 상기도 감염이라는 '진단'을 피하고 '기침 증후군'이나 '두통 증후군'으로 '진단'하는 일과 마찬가지가 되는 것이 아닐까 하는 의문이 남습니다.

사회적 히키코모리에 따르는 다양한 증상은 이차적인 것입니다. 즉, 먼저 '히키코모리 상태'가 있고 그 상태에 이어지는 식으로 다양한 증상이 나타난다는 뜻입니다. 그렇기 때문에 가장 중요한 일차적 증상으로 '히키코모리 상태'를 바라보아야 하지 않을까요? 그 이유가 몇 가지 있습니다.

우선, 가장 지속적이고 안정되어 있는 단 하나의 증상이 '사회적 히키코모리'임을 들 수 있습니다. 이를 반대로 말하자면 히키코모리에 따르는 다양한 증상은 시간이 흐름에 따라 가벼워지는 경우가 많습니다. 즉, 방에 틀어박히기 시작했을 때에는 자기취 증상(자기 몸에서 불쾌한 냄새가 난다고 생각하는 것)이 강하게 나타나도 시간이 지남에 따라 가벼워지고, 이후에 피해 망상이나 강박 증상 등으로 증상이 바뀌는 경우도 있습니다. 이런 경우, 증상에 따라 진단을 내린다면 증상이 바뀔 때마다 진단명이 바뀌게 되어 실제적이라고 할 수는 없게 됩니다.

또한, 히키코모리 상황을 다양한 증상의 주요 원인 중 하나로 볼 수 있다는 점도 중요합니다. 예를 들어 히키코모리에 동반되는 대인 공포 증상은 히키코모리가 장기화됨에 따라 악화되는 경우가 많습니다. 이 경우, 대인 공포 증상은 히키코모리 증상에서 이차적으로 일어나고 있거나 적어도 히키코모리 상태에 의해 악화되고 있을 가능성이 높습니다. 오랫동안 사람과 접촉하지 않는 생활을 계속하다 보면 사람과 접촉하는 일이 점차 무서워지는 것은 자연스러운 현상입니다. 그리고 결과적으로 한층 더 깊이 히키코모리 상태에 빠지는 악순환에 갇혀 버립니다.

치료 시에도 위의 내용을 뒷받침하는 경험을 자주 하게 됩니다. 예를 들자면, 집에서는 그토록 괴로웠던 신경증 증상이 입원 치료를 하게 되면서 환경이 바뀌자마자 완전히 사라져 버리는 경우도 있습니다. 대인 공포와 같이 평상시라면 입원 정도로는 잘 개선되지 않는 증상조차 쉽게 없어지는 경우가 있습니다.

그런 이유로 사회적 히키코모리의 사례를 치료할 때는 개별적인 증상은 물론이고 히키코모리 상태에 대한 배려의 비중이 가장 커지기 마련입니다. 적어도 히키코모리 상태에 대해 본인이 품고 있는 열등감에 대한 배려를 제외하고서 치료를 권유하기는 어려울 것입니다. 임상적 실용성의 관점에서 본다면 역시 '사회적 히키코모리' 상태를 최우선으로 생각하고 진단과 치료에 임할 필요가 있다고, 저는 생각합니다.

사춘기에 나타나는 독특한 갈등의 패턴

'사회적 히키코모리'는 마음의 원인으로 일어나는 문제입니다. 즉, 뇌 자체에 실질적인 원인이 있는 장애나 정신병으로 인한 것과는 구별해서 생각할 필요가 있습니다.

또한 '사회적 히키코모리'는 연령과는 관계가 없는, 이른바 사춘기의 심성에 뿌리를 내리고 있는 문제입니다. 즉, 인격이 발달하는 와중에서 일종의 '미성숙함' 때문에 일어나는 문제라고 볼 수 있습니다. 일반적으로 '사춘기'라면 대개 열두 살부터 열여덟 살 정도를 이야기합니다. 제 나름대로 바꿔 말하자면 인격의 틀이 완성되고 성적인 성숙이 일어나는 기간이라 할 수 있습니다. '인격의 틀'이라는 조금 복잡한 말을 썼지만, 단순히 '성격'이라고 해도 무방합니다. 설리번Herbert Harry Stack Sullivan 등도 지적하고 있지만, 인간은 성장 과정에서 대체로 초등학교 고학년 정도의 시기에 성격적 경향이 거의 굳어지고 일단 안정됩니다. 그러나 그 뒤로 이어지는 제2차 성징의 발달 과정에서 다양한 갈등이 일어나고 이는 사춘기 특유의 불안정함의 원인이 됩니다. 이 "성적으로 성숙한다"라는 말은 사춘기부터 청년기에 걸친 가장 중요한 과제라고 해도 과언이 아닐 것입니다.

사회적 히키코모리의 사례는 사춘기에 종종 나타나는 독특한 갈등의 패턴을 몇 년이나 계속 품고 있는 경우가 많은 것 같습니다. 그 근거를 아래와 같이 들어 볼 수 있습니다.

- 등교 거부와 가정 내 폭력, 강박 증상, 대인 공포 증상 등과 같이 사춘기적 심성과 깊이 결합된 증상이 '사회적 히키코모리'에 수반되는 경우가 많다.
- 히키코모리가 장기화되는 배경에는 협소한 시야와 고집 같은 사춘기 특유의 사고방식이나 자기애적인 태도가 많다.
- 본인이 처한 상황을 객관적으로 파악할 만한 여유가 없고, 따라서 치료를 거부하는 경우가 대부분이다.
- 오랜 기간에 걸친 사례에서도 만성화에 따른 증상의 안정화가 잘 일어나지 않기 때문에 계속해서 새로운 상처가 벌어지듯 갈등이 갈등을 낳는 상태가 이어진다.
- 본인의 정신적 성장을 촉구하는 치료 태도와 가족을 포함한 주위 환경의 조정으로 치료되는 경우가 많다.

이러한 점에 바탕을 두고 보다 구체적으로 그 특징과 증상을 살펴보도록 하겠습니다.

2. 사회적 히키코모리의 증상과 경과

'사회적 히키코모리'의 통계 조사

1장에서 다루었던 개략적인 내용을 통해 사회적 히키코모리를 어느 정도 이미지화할 수 있었다고 생각합니다. 이번 장에서는 1989년에 제가 실시한 조사 결과를 토대로 좀 더 구체적인 이해를 도모하고자 합니다. 조사 결과를 설명하기에 앞서 이 조사 연구를 간략하게 소개하겠습니다.

조사 대상은 1983년 1월부터 1988년 12월까지 6년 동안 제가 소속된 연구실의 관련 기관에서 진찰했던 환자 중 다음 소선을 충족하는 이들입니다.

- 조현병이나 조울증, 기질성 정신병 등의 기초 질환이 없을 것.
- 초진을 했을 때 이미 3개월 이상 무기력, 히키코모리 상태에 있을 것.

- 1989년 6월 시점에서 히키코모리 본인의 치료가 6개월 이상 계속되고 있을 것.
- 적어도 본인이 5회 이상 병원에 왔을 것(가족만 상담에 오는 경우도 많기 때문).
- 평가표를 기입하기 위한 자료가 충분히 갖추어져 있을 것.

이러한 조건을 충족한 사례는 80건(남성 66건, 여성 14건)이었습니다.

초진 시의 연령은 낮게는 12세부터 높게는 34세까지로 평균 19.6세였습니다. 또한 조사 시점에서의 나이는 13세부터 37세까지로 평균 21.8세였습니다.

이러한 사례에 대해 우리는 독자적으로 작성한 평가표에 따라 조사를 실시했습니다. 평가는 원칙적으로 각 증례의 주치의에게 의뢰하여 실시되었고, 그 결과를 대형 컴퓨터를 이용하여 통계적으로 분석해 보았습니다.

우리의 분석 결과에 기초하여 사회적 히키코모리 사례의 특징에 대해 간략하게나마 언급하자면 다음과 같습니다.

- 조사 당시의 평균 히키코모리 기간은 39개월(3년 3개월).
- 압도적으로 남성이 많음.
- 특히 장남의 비율이 높음.
- 처음에 문제가 발생하는 연령은 평균 15.5세.
- 첫 번째 계기로는 '등교 거부'가 68.8퍼센트로 가장 비중이 높음.

- 문제가 발생한 후 치료 기관에 상담하러 오기까지의 기간이 김.
- 가정은 중산층 이상으로, 이혼이나 단신 부임 등 특수한 집안 사정은 오히려 적음.

다양한 관점에서 검토가 필요한 결과인데, 이에 대해서는 나중의 장에서 살펴보도록 하겠습니다. 여기에서는 '사회적 히키코모리'라는 이미지화하기 어려운 집단에 대해, 사실에 근거한 대략적인 전체상을 보여 주는 일에 집중하고자 합니다.

그러면 해당 조사 결과에 따라 이번에는 사회적 히키코모리에 수반되어 출현하는 증상에 대해 검토해 보겠습니다. 여기에서는 이른바 정신 증상뿐만 아니라 히키코모리가 장기화되면서 서서히 나타나는, 이상 상태로 여겨지는 것들에 대해 전체적으로 말씀드리고자 합니다.

물론 증상에 따라서는 (과식증, 거식증과 같이) 기타 진단에 따라 치료를 권해야 할 것들도 포함되어 있습니다. 그러나 전에도 언급했듯이 사회적 히키코모리로부터 이차적으로 발생할 가능성이 조금이라도 있다고 판단된 증상은 여기서 검토하도록 하겠습니다.

무기력과 히키코모리

먼저 일반적인 무기력과 히키코모리 상태는 어느 정도의 차이가 있을까요? 1989년의 조사 결과에서는 처음 진찰을 받았을 때 "거의 외출하지 않거나, 가끔씩 근처에 나갈 수 있는 정도"가 67

퍼센트였습니다. 또한 조사 시점에서 평균 히키코모리 기간은 39개월이었습니다. 다만 히키코모리 기간에는 경우에 따라 상당한 차이가 있기도 합니다.

현재 제가 진료에 임하고 있는 사례는 대부분 20세 이상입니다. 나중에 다루겠지만, 등교 거부에서 시작된 경우가 많음을 고려하면 히키코모리 기간이 이미 몇 년 이상인 사례가 많은 것도 당연할 수 있습니다. 아르바이트 이외의 취업 경험을 가진 사례도 거의 없었습니다.

이 결과를 두고, 그들이 단순히 '게으름'을 피우고 있다고 보는 것이 과연 정당할까요? 그들의 마음을 이해하려면 방에 틀어박힌 생활을 몇 년 동안 계속해야 하는 상황을 상상해 보면 됩니다. 이런 상황에 전혀 고통을 느끼지 않는 사람이 있다면 저는 그쪽이 더 걱정됩니다. 몇 년씩 장기간에 걸친 히키코모리 생활을 전혀 괴로워하지 않는 사람이 있다면 한 번쯤은 정신병의 가능성을 의심해 봐야 합니다.

틀어박힌 사람들 대부분은 자기가 원해서 이러한 생활을 이어 가고 있는 것이 아닙니다. 히키코모리 상태에서 벗어나고 싶다고 누구보다도 강하게 염원하면서도 도저히 그러지 못하는 것입니다.

등교 거부와의 관련성

조금 전에 썼듯이 이러한 사회적 히키코모리의 직접적인 계기 중에 등교 거부가 비교적 많다는 인상을 받습니다. 우리들의 조사에서도 마찬가지로 히키코모리가 되는 계기로 **등교 거부**가 가장 많다는 결과가 나왔습니다. 등교 거부와 히키코모리는 과연 밀접한 연관이 있는 것일까요?

만약 그렇다면 때때로 학교에 가지 않는 아이가 있는 가족 입장에서는 새로운 걱정거리가 늘어나게 됩니다. 우리 아이가 학교에 가지 못한다면 평생 제대로 된 사회생활도 할 수 없는 것은 아닌가 걱정하는 가족도 실제로 적지 않습니다.

확실히 히키코모리의 계기로 등교 거부가 많은 것처럼 보입니다. 그러나 등교 거부와 히키코모리의 인과 관계를 다루기 위해서는 반대로 등교를 거부하는 아이들이 얼마나 히키코모리가 되는가에 대한 조사가 더 중요합니다. 이 부분에 대해서는 '등교 거부의 예후' 연구 등으로 꽤 많은 데이터가 모여 있습니다.

그 결과를 보면, 등교 거부 전체에서 보았을 때 '사회적 히키코모리'에 이르는 사례는 그리 많지 않은 것처럼 느껴집니다. 등교 거부 사례의 대부분은 이렇게 장기화되는 일을 피할 수 있기도 합니다. 그것이 실상일 것입니다. 그렇기에 '학교에 가지 않는 것'을 바로 '사회적 히키코모리'로 묶어서 생각할 필요는 없습니다.

그러나 여전히 일부 사례가 이렇게 심각한 상태에 이르고 있다는 점, 그것이 '임상적' 사실이기도 합니다. 이 사실을 지나치게 무시할 경우 잘못된 대응으로 이어질 가능성이 없다고는 할 수 없습니다.

'등교 거부'를 너무 문제시할 필요는 없습니다. 그러나 또한 "현행 교육 제도에서 제대로 된 감수성을 가진 아이라면 학교에 가고 싶어 할 리 없다. 등교하지 않는 것이야말로 아이의 진정한 모습이다"와 같은 아예 찬양에 가까운 옹호에도 문제가 없다고 할 수 없습니다. 이런 입장은 등교를 거부하는 아동의 편을 지나치게 든 나머지 종종 세심함을 쉽게 잃기도 합니다. 또한 등교 거부의 문제를 정치적인 문제와 연관시키기 때문에 치료적인 관점에서 배제되기 십상입니다. "등교 거부는 병이 아니다"와 같은 슬로건이 그 전형입니다. 물론 모든 등교 거부가 치료를 필요로 하는 것은 아닙니다. 그러나 일부의 등교 거부가 어떠한 치료적 대응에 의해 구제를 받는 것도 사실입니다. 이러한 슬로건이 "모든 등교 거부가 병이라고 할 수는 없다"와 같이 온당한 것이라면 저 또한 마음 놓고 동참할 수 있겠습니다.

'등교 거부' 자체는 이미 현실이며, 누구나 가까이에서 경험하고 있습니다. 등교를 거부하는 아이 중에서도 대학 입학 능력 시험 등을 통해 진로를 선택할 수 있는 아이도 있고 한편으로 그대로 히키코모리가 되고 마는 아이도 있습니다. 즉, 등교 거부 아동을 과도하게 찬양하는 것은 다른 형태의 차별화로 이어지지 않을까, 저는 그것이 두렵습니다. 훌륭하게 자립하여 사회 참여를 달성한 '엘리트' 등교 거부 아동들의 그림자 뒤에는 조바심을 느끼면서도 사회에 발을 내딛지 못하는 엄청난 수의 등교 거부 아동들이 있을 것 같은 생각이 듭니다.

말하자면 '등교 거부'를 병에 비유할 때 감기와 같다고 할 수 있겠는데, 이에 비해 '사회적 히키코모리'는 폐렴이나 결핵에 비유할 수 있을지 모릅니다. 저는 질환으로서의 넓은 범위나 만성성은 물론이요, 사회에 대한 관계라는 점에서 볼 때 '사회적 히키코모리'가 현대 사회에서 '항생제 이전의 결핵'과 같은 위치가 아닌가 생각합니다.

오해의 우려도 있기 때문에 조금 더 자세히 설명하겠습니다. '사회적 히키코모리'와 '과거의 결핵' 모두 어떠한 소모 체험(후에 쇼크나 피로감이 오래 지속되는 체험)에 뒤이어 발생합니다. 또한 치료보다는 환경을 조정하며 '보양'과 같은 대응이 필요합니다. 사회적으로 근거 없는 오해나 편견이 직접적 회복의 경과에 영향을 줄 수 있습니다. 게다가 가족 등의 주변 사람들이 휘말리게 됩니다. 이는 주로 사회적 체면 때문이기도 합니다. 일자리를 구할 수 있을 것처럼 보이면서도 그러지 못한다는 점에서 항상 세간의 암묵적인 비난에 노출됩니다.

그런데 이러한 비유가 옳다면, 거기에는 어떤 치료론이나 증상론의 힌트가 숨겨져 있을지도 모릅니다. 하지만 무엇보다 마음의 문제인 만큼 항생제의 등장에 해당하는 빠르고 확실한 치료법을 기대하기는 어려울 것 같습니다.

등교 거부는 예전부터 사회 문제시되어 왔습니다. 그런데 이것이 전국에서 10만 명이라고 할 성도로 증가(문부성 1996년 학교 기본 조사)하여 일상화되면 그것을 단순한 병으로 간주하는 의견도 이미 설득력을 잃게 됩니다. 저출산 경향에 상반되는 이 수량적 증가는 등교 거부가 사회 병리를 직접적으로 반영하고 있음을 증명한다고 할 수 있습니다. 정상적인 정신 질환이라면 오히려 이렇게 극단적으로 증가하기가 힘들기 때문입니다. 또한 일부 신경증이 전쟁 중에는 감소한다고 하는 것처럼, 사회 병리가 정신 병리에 직접적으로 반영되는 것은 아니라고 할 수도 있을 것입니다. 여기에 '반영'된 병리에 대해서는 나중에 자세히 알아보도록 하겠습니다.

그런데 제 조사에서는 히키코모리 사례 중 지금까지 등교 거부를 경험한 사람의 비율이 90퍼센트였습니다. 이 숫자만 본다면 분명 상당히 높은 비율이라고 할 수 있을 것입니다. 그러나 이 숫자만으로 등교 거부와 히키코모리를 단순하게 연관시키는 것은 전에도 말했듯이 잘못된 일입니다. 등교 거부자의 상당수는 어떤 형태로든 복학이나 취업 등의 사회적 참여를 이루어 나가게 됩니다. 한편으로 양자의 관련성이 전혀 없는가 하면 물론 그렇다고도 할 수 없습니다. 등교 거부의 일부가 장기화되어 사회적 히키코모리로 이행하는 것도 엄연한 사실이기 때문입니다.

등교 거부 역시 다양한 상태와 요인을 안고 있는 다의적인 이름입니다. 그것을 성급하게 한 묶음으로 취급하면 안 된다는 것은 사회적 히키코모리의 경우와 마찬가지입니다. 그러나 또한 '사회적 히키코모리'와 '등교 거부'의 영역이 겹치는 부분이 적잖이 존재할 수 있다는 추측도 결코 무시되어서는 안 될 것입니다.

그런데 제 조사에서는 등교 거부를 경험한 사례 중 3개월 이상의 지속적인 등교 거부가 85퍼센트를 차지하고 있었습니다. 이 점에서 보아도 등교 거부가 장기화되면서 그대로 히키코모리 상태에 이르는 사례가 많은 것으로 추측됩니다. 사회적 히키코모리의 특징으로는 한 번이라도 일정 기간 동안 취업을 하는 등의 사회 활동 참여를 경험한 사례가 적다는 것이 있습니다. 이것은 사회적 히키코모리가 일종의 '미숙함'과 연결되어 있기 때문으로 설명할 수 있을 것입니다. 히키코모리 상황은 반드시 사춘기부터 생긴 문제를 끌어안고 가는 형태로 발생합니다. 즉, 어느 정도의 사회적 성숙을 거친 후에는 이러한 히키코모리 상황이 거의 일어나지 않습니다. 적어도 저는 그런 사례를 알지 못합니다.

대인 공포

히키코모리 상태에서 가장 많이 보이는 정신 증상 중 하나가 이 **'대인 공포 증상'**입니다. 다만 몇몇 사람들이 오해하는 것처럼 '히키코모리 = 대인 관계의 곤란'은 아닙니다. 한정된 상대나 상황하에서라면 다른 사람을 마주하는 데 거의 곤란을 겪지 않고 행동할 수 있는 사람도 적지 않습니다. 반대로 말하면 정상인 사람이라도 다른 사람을 상대할 때 곤란을 전혀 느끼지 않을 사람은 적을 것입니다.

계기가 어떻든 간에 히키코모리 상황이 장기화되면 대인 관계는 더욱 어려워집니다. 제 경우에는 조사를 했던 시점에서 사귀고 있는 친구의 수가 한 명 또는 전혀 없는 사람이 41퍼센트였습니다. 또한, 친구 관계가 있다고 보이는 이 중에서도 자주 연락을 취하거나 같이 행동하는 친밀한 대인 관계는 23퍼센트에 불과했습니다. 본래는 정상인의 통계 조사와 비교해야 하겠지만, 이 숫자만 보아도 그들이 얼마나 부족한 인간 관계 속에서 생활하고 있는지 알 수 있습니다. 또한 조사 시점까지 이성과의 교제 경험이 전

혀 없는 사람이 78퍼센트를 차지하고 있는데, 평균 연령이 스물
두 살인 것을 생각하면 이 또한 그들의 대인 관계가 얼마나 빈곤
한지를 나타내는 결과라고 생각해도 좋을 것입니다.

그렇다면 실제 증상의 유무는 어떨까요? 조사 결과에 따르면
자기취 공포와 적면 공포증*을 포함한 '대인 공포 증상'의 수치는
67퍼센트에 이르렀습니다. 그러나 대인 공포 증상이라고 해도 그
양상은 상당히 다양합니다.

아직 비교적 히키코모리 정도가 가볍고 외출 등에 그다지 저항
감이 없는 경우에도 "이웃의 눈이 신경 쓰인다"라는 사람은 적지
않습니다. 특정한 상황, 예를 들어 "제복을 입은 사람을 보면 긴장
되고 불안해진다"라거나 "나이 많은 노인에게 다가갈 수 없다"라
는 경우도 있고, 중학교 시절에 심한 왕따를 경험한 20대 청년은
"교복을 입은 집단이 무섭다"라며 끊임없이 호소했습니다. 이러
한 사례에서는 종종 공포와 공격성이 뒤섞여 조그마한 일을 계기
로 싸움을 벌이기도 합니다.

그 외에도 "타인의 시선이 신경 쓰여서 전철이나 버스를 탈 수
없다"라는 경우도 있습니다. 또한 자기 집에 다른 사람이 들어가
는 것을 극단적으로 싫어하는 경우가 많아서 누군가 찾아오면 숨

---

* Erythrophobia. 사람들 앞에서 얼굴이 붉어지는赤面 상황에 대한 두려움을 가리킨
다. 주로 다수의 사람들 앞에 섰을 때 타인이 자기를 어떻게 생각할까를 염려하면
서 강한 불안과 수치심이 야기된다. 일반적인 부끄러움과 다른 점은, 적면 공포증
이 심한 이는 대중 앞에서 거의 완전히 무기력해져 버리며 타인 앞에 서는 일 자체
를 강력히 기피하려 한다는 것이다. — 옮긴이 주.

어 버리기도 합니다. 전화벨이 울려도 전혀 받으려고 하지 않는 사람도 있습니다.

또한, 어느 정도 사회 참여가 가능하더라도 한정된 집단 속에서는 좀처럼 마음을 놓지 못하는 사람들이 있습니다. 그런 사람의 이야기를 들어 보면 "사람들 속에 들어가도 분위기를 망쳐 버릴 것 같다"라거나 "나는 이야깃거리가 적어서 집단 안에 들어가도 분위기를 망가뜨릴 것 같다"와 같이 자신을 일방적으로 비난하듯 이야기하는 경우가 종종 보입니다. 이것이 극단화되면 "자신의 몸에서 불쾌한 냄새가 나는 게 아닌지 무섭다"라는 **자기취 공포**나 "자기 시선이 너무 강해서 다른 사람을 다치게 하는 것은 아닐까 불안해진다"라는 **자기 시선 공포**라는 증상이 나타날 수 있습니다.

또한, 객관적으로는 그렇지도 않으면서 자기 얼굴이 추하다고 믿어 버리는 **추형 공포증**이라는 증상도 자주 보입니다. 이는 "코가 못생겼다"라거나 "머리숱이 적다", "여드름이 너무 많다", "너무 뚱뚱하다"라는 외견적 특징에 매몰되어 타인과의 관계를 꺼리는 사례입니다.

얼마 전까지만 해도 **적면 공포증**이라는 증상이 대인 공포 증상의 대표였지만, 이 증상은 감소 추세에 있다고 하며 제가 실감하기에도 외래에서 만나는 일이 무척 드물어졌습니다. 마침 이를 대신하여 눈에 띄기 시작한 것이 바로 추형 공포 증상입니다.

이 증상을 호소하는 사람들은 대개 성형외과에 의지합니다. 물론 보험으로 보장되지 않기 때문에 고액의 수술비에 가로막혀 그들 전부가 수술까지 하는 것은 아닙니다. 하지만 그중에는 부모에게 억지로 수술비를 내게 해서 성형을 감행하는 경우도 있습니다.

수술을 받아서 본인도 만족하고 신속하게 히키코모리 상태에서 벗어날 수 있는가 하면, 그렇게 간단한 문제가 아니라는 것이 이 증상의 곤란한 점입니다. 대부분의 경우 수술 결과를 마음에 들어 하지 않는 데다가 성형외과 의사에게 끝도 없이 클레임을 제기하고, 결국 이전보다 더 틀어박히게 되고 맙니다.

강박 증상

강박 증상은 원래 **강박성 장애**Obsessive-compulsive Disorder라 불리는 질병의 증상입니다. 이는 무의미한 행위나 관념에 대한 강한 집착을 의미합니다. 꼼꼼함이 도가 지나치다는 이미지에 비교적 가까울 것입니다. 가스를 제대로 잠갔는지를 이미 알고 있어도 몇 번이나 확인하려고 하거나, 책이나 노트의 모서리를 제대로 맞춰 두지 않으면 직성이 풀리지 않거나, 외출했다가 돌아왔을 때 손을 몇 번이고 씻지 않고서는 견딜 수 없는 것이 그 증상입니다.

또한 특정 이미지나 말을 계속해서 떠올리게 되는 증상도 있습니다. 이것은 **강박 관념**이라고 불립니다. 멋진 사람 앞에 서면 그 사람의 추한 모습을 상상할 수밖에 없게 되는 경험은 많은 사람들에게서 볼 수 있는데, 이는 그것의 극단적인 형태라고 해도 좋겠습니다.

히키코모리는 종종 이러한 강박 경향을 수반하기도 합니다. 지금까지 이야기한 것 중에서는 강박 행위가 더 많다는 인상이 있습니다. 조사 결과에서도 '강박 신경증 증상'은 53퍼센트의 히키코모리에게서 볼 수 있었습니다. 개인적인 인상으로 이 강박 증상은 히키코모리가 장기화된 사례일수록 많이 보이는 것 같습니다. 또한 오직 강박 행위 때문에 히키코모리가 되는 예는 적고, 오히려 히키코모리 상태에서 이차적으로 강박 행위가 생겼을 가능성이 높아 보입니다. 예를 들어 장기간의 히키코모리 상태에서 강박 행위를 멈출 수 없었던 환자가 입원하면 이내 강박 증상이 사라질 수 있습니다. 이 점에서도 히키코모리의 강박 증상은 강박 신경증의 그것과는 조금 다른 것 같습니다.

격렬한 강박 행위는 종종 폭력을 수반합니다. 특히 나리타 요시히로成田善弘 씨가 "연루형巻き込み型"이라고 불렀던 사례는 강박 행위를 부모에게 대행시키려고 하기 때문에 본인은 물론 가족도 힘들어집니다. 제 경험 중에도 환자 자신이 어떤 것을 만졌는가 아닌가를 몇 번이고 어머니에게 확인하거나 질문에 정확하게 대답하지 않으면 수 차례나 처음부터 다시 확인하는 사례가 있었습니다. 또한 청결함에 집착하게 되면 손을 계속 씻느라 항상 손의 피부가 벗겨진 듯한 상태가 되거나 문 손잡이나 TV 등의 리모컨을 직접 만질 수 없어서 티슈로 집는 등의 사례도 있었습니다. 입안에 침이 고이는 것을 참지 못하고 방 안에서 뱉어 버리는 사례, 혹은 방 안에서 소변을 참지 못하는 등의 상당히 심각한 강박 증상도 있었습니다. 특히 강박적인 확인 행위를 어머니가 대신 해 주는 경우가 많았으며, 어머니가 조금이라도 그것을 거부하면 격렬한 폭력으로 치닫는 사례도 드물지 않았습니다.

이렇게까지 극단적인 증상이 아니더라도 식사나 목욕 시간을 매우 엄격하게 지키고 조금이라도 늦으면 심한 폭력을 휘두르거나 다니는 길을 항상 깨끗하게 정돈해 둘 것을 요구하는 등, 비교적 가벼운 사례는 자주 볼 수 있습니다.

많은 히키코모리 사례가 자기 몸의 불결함에 무관심해 보인다면, 그것은 오히려 청결에 대한 집착이 과도했기 때문인 경우가 많은 듯합니다. 예를 들어 몸을 씻을 때도 너무 세심하게 씻으려고 해서 목욕에만 몇 시간이 걸린다는 사례가 자주 보입니다. 이런 증상을 가진 사람들은 목욕을 하는 것조차 하나의 노동이 되기 때문에 도리어 좀처럼 목욕을 하지 않게 됩니다.

또한 히키코모리 사례에서는 다른 가족의 불결함에 집착하면서도 자신의 방은 잡다한 물건이나 쓰레기로 가득 차 있는 경우가 많습니다. 아까 목욕의 사례와 마찬가지로 방 청소를 시작해도 너무 완벽하게 하려다 보니 몇 번을 한들 결국 좌절하게 됩니다. 이 때문에 히키코모리 상태의 사례에서는 청결을 지나치게 선호함으로써 반대로 본인이 불결해지거나 매우 난잡하고 불결한 방에서 생활하는 아이러니한 사태가 종종 보입니다.

불면증과 뒤바뀐 밤낮

이것도 히키코모리 사례에서 볼 수 있는 '증상'이라고 해도 좋을 것입니다. 조사 결과에서는 '**불면증**' 때문에 일시적으로 수면제를 필요로 한 사람이 65퍼센트였고, '**낮과 밤이 뒤바뀐**' 경향을 보인 사람이 81퍼센트였습니다.

이 증상 또한 히키코모리 상태 때문에 일어난 것으로 보입니다.

여기에는 생리적인 이유와 심리적인 이유가 있을 수 있습니다.

우선 생리적인 이유부터 보기로 하겠습니다. 인간의 몸은 낮에 활동할 때는 교감 신경이 우세하지만 수면 중에는 부교감 신경이 우세해집니다. 즉, 긴장 상태에서는 교감 신경이, 편안한 상태에서는 부교감 신경이 우위에 섭니다. 그러나 히키코모리는 깨어 있는 시간에도 거의 아무것도 안 하면서 TV 등을 보고 지내는 경향이 있기 때문에 긴장과 완화의 구분이 모호해지고 맙니다. 이 때문에 자율 신경의 균형이 무너져서 다양한 신체 증상으로 나타나게 됩니다. 그 대표적인 것이 바로 '불면증과 밤낮이 뒤바뀌는 현상'입니다.

낮의 긴장과 피로를 밤의 수면으로 해소하는 사이클이 깨지기 쉬운 데에는 한 가지 이유가 있습니다. 사람의 몸에는 시계가 있어서 이것으로 하루의 리듬을 파악하는데, 햇빛은 이 몸의 시계를 조정합니다. 그래서 낮에 햇빛에 노출되면 체내 시계의 주기가 정상적으로 유지됩니다. 그러나 히키코모리 생활을 하게 되면 햇빛을 쬘 기회가 극단적으로 줄어들기에 이 또한 급속하게 밤낮이 뒤바뀌는 요인이 됩니다.

게다가 밤낮이 바뀌는 데는 심리적인 이유도 있습니다. 나중에 자세히 다루겠지만, 사회적 히키코모리 상태에 있는 사람들은 자신이 처한 상황에 깊은 열등감을 가지고 있습니다. 세상이 활발하게 움직이고 있는 낮 시간에는 이처럼 강한 열등감이나 거리감을 의식하지 않을 수 없습니다. 즉, 그들은 낮에 일어나서도 아무것도 안 한다는 사실이 가져오는 고통을 견딜 수 없는 것입니다. 그 때문에 자연스럽게 밤샘을 하게 되고, 또 조금 전에 언급한 생리적인 이유에서도 볼 수 있듯이 불면증의 경향이 강해지기 때문에 생활 시간이 점차 어긋나다가 마침내는 완전히 역전되고 맙니다. 오후 2시에서 3시에 일어나 새벽에 잠드는 것이 그들의 평균적인 생활 시간이 됩니다.

가정 내에서의 히키코모리

이것도 종종 오해를 사는 일이지만, 사회적 히키코모리들은 결코 집에서만 폭력적이고 밖에서는 맥을 못 추는 사람들이 아닙니다. 대외적으로는 겁쟁이고 대내적으로는 폭군이라고 할 수는 없습니다. 오히려 그들 대부분은 집에서도 가족을 피해 지내는 경우가 많고, 자신의 방에서 거의 한 발짝도 나가지 않은 채 생활하는 경우도 드물지 않습니다. 우리의 조사에서는 가족 중에서도 대화를 하는 상대가 한정되어 있거나 전혀 대화가 없는 사례도 60퍼센트나 됐습니다.

히키코모리가 심해지면 자기 방에 틀어박혀서 목욕도 하지 않고 용변도 빈 병 같은 것으로 해결하거나 가족에게 식사를 방까지 가져오도록 시키게 됩니다. 이러면 거의 의사소통을 할 수 없는 상태가 되고 맙니다.

또한 당연히 가족 이외의 사람, 예를 들면 친척이 집에 들어오는 것도 싫어하게 됩니다. 인테리어 공사로 인부가 들어오는 것도 매우 싫어합니다. 히키코모리가 이 정도로 철저하게 진행되면 당사자는 아무 일도 손에 잡히지 않고 하루 종일 멍하게 지내거나 이불 속에 들어간 채 아무것도 안 하는 생활로 접어듭니다.

퇴행

'**퇴행**'은 지금까지 말해 온 증상과는 조금 의미가 다릅니다. 이것은 증상이라기보다는 정신 증상이 생기는 메커니즘을 설명하기 위한 말입니다. 원래는 성장한 개체가 발달 단계보다 미숙한 상태로 되돌아가는 것을 의미하지만, 여기에서는 아주 간단하게 "**아이로 돌아간다**"라는 뜻으로 사용하겠습니다.

우리의 조사 결과에서는 공격적인 태도와 의존적, 퇴행적 태도가 번갈아 나타나는 '가족 관계의 불안정함'이 44퍼센트였습니다. 또한, 일시적이라도 '부모에 대한 의존적 태도, 유아적 행동'이 확인된 증례는 36퍼센트였습니다. 이 모두가 퇴행으로 인해 일어납니다.

히키코모리는 종종 이러한 퇴행을 불러일으킵니다. 개인적인 가설이지만, 이것은 어떤 의미에서 그들이 '건강'하기 때문에 생기는 현상 같습니다. 누구나 어떤 한정된 공간에서 타인에게 장기간 의지해야만 하는 상황에 놓이게 된다면 정도의 차이는 있지만 퇴행을 일으킬 수 있습니다. 가장 이해하기 쉬운 사례는 입원을 한 후의 생활입니다. 일정 기간 동안 입원 생활을 계속한 환자는 상당한 사회적 지위가 있을지라도 의외로 유치하거나 제멋대로인 측면을 보이게 됩니다. 이것은 자연스러운 반응이며, 퇴행이 전혀 일어나지 않는 사람이 있다면 그것은 또 그것대로 문제가 될 것입니다.

이야기를 되돌려 보겠습니다. 오랫동안 히키코모리 상태에 있던 사람은 종종 이 퇴행, 즉 아이로 돌아가는 상태에 가까워집니다. 그 결과 항상 어머니에게 매달리며 유아처럼 어리광 섞인 말투로 이야기하거나 어머니의 몸을 만지고 싶어 하기도 합니다. 때로는 어머니와 같은 이불에서 자고 싶어 하고, 그 정도까지는 아니더라도 같은 방이 아니면 잠을 못 이루는 사례가 드물지 않습니다. 한밤중에 어머니를 깨워서 장시간 끝이 없는 이야기를 들어주기를 원하는 것도 일종의 퇴행 증상이라고 볼 수 있습니다. 만일 요구가 이루어지지 않으면 정말로 아이가 떼를 쓰듯이 울면서 애원하거나 버둥거리면서 떼를 쓰는 광경도 보입니다.

퇴행은 종종 폭력으로 이어지기 때문에 문제적입니다. 가정 폭력의 대부분은 퇴행의 산물입니다. 이것은 아이가 부모에게 휘두르는 폭력에 국한되지 않습니다. 남편이 아내에게 휘두르는 폭력도 퇴행의 산물입니다. 그 폭력이 퇴행에 의한 것인지 아닌지를 구분하기는 쉽습니다. 그 사람이 가족 이외의 사람에게도 폭력적으로 행동하는지 아닌지를 보면 됩니다. 가족 이외의 사람에게는 신사적이지만 가정에서는 폭력을 휘두르는 사람은 퇴행을 일으키고 있다고 봐도 좋을 것입니다. 또한 항상 폭력적인 사람이 퇴행적인가 하면, 그런 이는 그저 사람으로서 미성숙하다고 간주할 수 있겠습니다.

가정 내 폭력

그렇다면 여기서 **가정 내 폭력**에 대해서도 다루어야만 하겠지요. 히키코모리 상태와 가정 내 폭력은 매우 밀접한 관계에 있기 때문입니다.

우선 조사 결과부터 살펴보도록 하겠습니다. '가족에 대한 공격성'을 따지자면, 일시적이라 판단된 것도 포함하여 62퍼센트의 증례에서 어떤 형태로든 (폭력 이외의) 공격성을 볼 수 있었습니다. 또한 이른바 '가정 내 폭력'은 일시적인 경우를 포함해 51퍼센트의 증례에서 확인되었습니다. 이 집계는 복수 응답의 결과이기 때문에 중복되는 부분이 상당히 많다고 볼 수도 있겠지만, 그렇다해도 절반 이상의 사례에서 가정 내 폭력이 발견되었다는 사실에는 다시 한번 놀라게 됩니다.

앞에서도 언급했듯이 가정 폭력은 퇴행에 의해 일어납니다. 다만 엄밀하게 말하자면 퇴행과 동일하지는 않습니다. 퇴행이 미숙한 발달 단계로 돌아가는 것이라지만 그들 대부분은 사춘기조차 거의 없었을 정도로 '착한 아이'였습니다. 즉, 가정 내 폭력이란 예전의 상태로 돌아가는 것이 아니라 퇴행에 의해 새롭게 생긴 증상으로 간주되어야 합니다.

가정 내 폭력에도 여러 가지가 있습니다. 그러나 뿌리는 같습니다. 제가 경험한 사례의 폭력을 생각나는 대로 적어 보겠습니다.

- 벽을 두드리거나 발로 쿵쿵대는 행위.
- 큰 소리로 외치는 행위.
- 창문을 깨거나 벽에 구멍을 뚫고 식기를 던지는 등의 기물 파손 행위.

- 집 안에 등유를 뿌리고 "불을 지르겠다"라며 위협하는 행위.
- 형제에게 게임을 같이 하자고 강요하고 거절하면 때리는 행위.
- 어머니에게 옛날 불만을 이야기하다가 흥분해서 때리는 행위.
- 어머니에 대한 구타를 제지하는 아버지를 때리는 행위.

이러한 폭력에는 기본적으로 부모에 대한 원한이 담겨 있습니다. 원한에는 상당히 구체적인 이유가 있는 경우도 적지 않지만, 종종 "나를 이렇게 키운 부모가 나쁘다"라는 이유를 댑니다. 어렸을 때 체벌로 인해 맞았던 일이나 무시당했던 일, 힘든 시기에 그것을 알아주지 않았던 일 같은 이유는 그나마 이해할 수 있습니다. 하지만 때로는 억지나 다름없는 이유를 갖다 붙인 원한도 있습니다. "뭔가 부탁했더니 순간 얼굴을 찌푸렸다", "이야기를 들으면서 졸고 있었다", "이런 아들이라서 체면이 깎이느냐고 물었더니 강하게 부정하지 않았다" 등이 그것입니다. 저는 본인이 가정 폭력의 원인이라고 주장하는 '원한'에 대해서는 그것이 사실인지 아닌지를 문제 삼아서는 안 된다고 생각합니다. 여기서 중요한 것은 본인이 폭력을 써서까지 가족에게 전하고 싶은 말이 무엇인지 이해하는 일입니다.

가정 내 폭력은 다양한 정신 증상과 밀접한 관계에 있습니다. 특히 강박 증상이 깊은 관련성을 가지고 있습니다. 앞서 다루었듯이 가족이 강박 행위의 대행을 거절하거나 제대로 수행하지 않으면 격렬한 폭력으로 치닫는 경우가 보입니다.

가정 내 폭력에 대해서는 그에 대한 대책을 포함해서 나중에 자세히 다루어 보겠습니다.

피해 관계 염려

이는 히키코모리가 장기간 계속된 사례에서 볼 수 있는데, 때때로 "이웃이 자기 소문을 내고 있다"라거나 "집 밖에서 자기에 대한 소문을 퍼뜨리고 있는 것이 들렸다", "아이들이 지나가면서 자신에게 욕을 하고 있다" 등의 호소를 하는 사람이 있습니다. 이것은 **피해 관계 염려**라고 할 수 있겠는데, 정신의학적으로는 환청이나 망상의 존재도 일단 의심해 보아야 할 증상입니다. 확신이 더 강한 경우는 망상이라고 불리기도 하지만 실제로 이것들은 구별하기 어려울 때가 많습니다.

우리의 조사에서도 20퍼센트의 증례가 가벼운 피해 관계 염려를 포함해 '환각과 망상 체험'을 보이고 있었습니다.

나중에 언급하겠지만, 이 증상이 중요한 것은 조현병 여부의 조속한 감별이 필요하기 때문입니다. 조현병에 의한 증상이 아니라면, 그것은 진정한 의미의 망상과는 다른 망상적 관념이라는 뜻입니다. 망상과 망상적 관념을 구별하는 방법은 '조현병' 절에서 더 자세히 해설하겠습니다.

우울한 기분

감정의 불안정성, 특히 **우울한 기분**도 종종 나타나는 증상 중 하나입니다. 조사 결과에 따르면 만성적으로 감정 기복이 심한 경우가 31퍼센트, 가벼운 우울증 상태를 보이는 경우가 9퍼센트를 차지하고 있었습니다. 또 우울증과는 미묘하게 다르지만 53퍼센트가 가벼운 **'절망감, 자살 염려, 죄책감'**을 경험하고 있었습니다.

그러나 전체적으로 볼 때 히키코모리 상태의 우울한 기분은 대단히 흔들리기 쉽다고 할 수 있습니다. 본래적 의미에서의 병적인 우울증은 오히려 적다고도 볼 수 있지요. 나중에도 다루겠지만, 정신병적 우울증으로 인한 히키코모리 상태는 오히려 예외적입니다. 다만 가벼운 우울증 증상을 수반하는 '순환성 기분 장애'에 의한 히키코모리 상태는 가끔 볼 수 있습니다.

많은 사례가 겪고 있는 절망감이나 자살 염려는 우울증과는 무관할까요? 반드시 그렇게 단정할 수는 없지만, 그러한 감정도 이해나 공감으로 받아들일 수 있습니다. 예를 들어서 그들의 88퍼센트가 '고독감, 지루함, 공허함'을 느끼고 있다는 결과가 나왔습니다. 제가 계속 강조했던 것처럼 히키코모리 청년들이 아무 생각 없이 게으른 삶을 살고 있다는 생각은 분명한 오해입니다. 그들은 사실 주위의 가족 이상으로 사회에 참여할 수 없다는 조바심이나 절망감에 지속적으로 노출되는 나날을 보내고 있습니다. 사회 속에서 자신만의 위치가 없다는 것은 그만큼 궁지에 몰린 기분을 본인에게 안겨 주기 마련입니다. 그러므로 그들 중 다수가 이와 같은 절망감이나 자살 충동에 시달리는 것도 그들의 판단력이 정상적으로 유지되고 있음을 의미한다고 봐야 할 것입니다. '우울증'과의 차이를 강조하자면, 우울증 환자는 종종 '모든 것이 너무 늦어 버렸고 다시 돌이킬 수 없다'라고 생각합니다. 그러나 히키코모리의 사례에서는 '하루라도 빨리 어떻게 해서든 다시 일어나고 싶다'라며 갈등하는 경우가 많습니다. 다만 너무나도 여유가 없기 때문에 이러한 생각이 '희망'과 연결되지 않고 '초조감'이나 '절망감'으로만 이어진다는 점이 그들의 불행입니다.

자살 충동과 자살 계획

이전부터 말했듯이 그들은 강한 절망감이나 공허감에 시달리면서 하루하루를 보내고 있습니다. 그리고 그것이 참을 수 없을 정도로 높아질 때 갑작스럽게 자살을 생각하게 되는 경우도 드물지 않습니다. 46퍼센트 정도의 사람들에게서 이러한 '자살 충동과 자살 계획'이 나타나며, 자해와 자살 미수 경력이 있는 사람은 14퍼센트였습니다.

이는 매우 심각한 숫자지만 다른 한편으로 의외로 적다고도 할 수 있습니다. 적어도 다른 정신 질환과 비교해 본다면 그렇게 높은 수치라고는 할 수 없기 때문입니다. 제 자신의 임상 경험에서도 다른 정신 장애를 동반하지 않는 히키코모리 사례로 자살에 이른 경우는 전혀 없습니다. 물론 이 사실을 다양하게 해석할 수 있을 것입니다. 하지만 저는 여기에서 살아가고자 하는 그들의 건전한 의지만을 확인해 두고자 합니다.

기타 증상

'폭식, 거식'과 같은 섭식 장애 증상이 일시적으로 나타날 수 있습니다. 이는 일반적으로 여성에게 압도적으로 많은데, 이 경우에 한해서는 히키코모리보다 섭식 장애 치료를 최우선으로 생각할 필요가 있습니다. 남성 사례의 경우, 그 경과를 보면 역시 히키코모리 상태에서 일어났다고 생각되는 사례가 많은 것으로 보입니다.

심리적인 원인으로 인해 몸에 증상이 생기는 병을 '심신증'이라고 합니다. 스트레스성 위염이나 고혈압 등이 대표적인데, 섭식 장애 등도 심신증의 하나로 여겨지고 있습니다. 이러한 '심신증'에는 심인성이라 여겨지는 '자율 신경 실조증'이 가장 많습니다. 이 증상은 전체의 66퍼센트 정도였습니다. '불면증과 뒤바뀐 밤낮'에서도 다루었지만, 불규칙적인 생활이 가장 큰 원인으로 보입니다. 이 밖에도 심인성 스트레스도 상당한 관계가 있음은 분명합니다.

특히 병도 아닌데 "병이 아닌가"라든지 "병이 되는 것은 아닐까"라며 염려하는 증상인 '심기증'은 자신의 건강 상태에 대한 과도을 포함하면 60퍼센트였습니다.

또한, 비행 행위와 관련되어 시너나 브론* 등을 상용하는 '약물 의존증'에서는 만성이 6퍼센트, 한 번이라도 경험이 있는 경우를 포함하면 18퍼센트였습니다.

---

* 원문은 "ブロン". 원래는 감기약으로 시판되었는데, 남용할 경우 복약자로 하여금 행복감과 도취감을 느끼게 함과 동시에 환각을 일으키기도 하는 바람에 강한 의존증을 낳아 사회 문제가 되었다. 이후 환각을 일으키는 특정 성분을 제거하였고 이는 브론 의존증 환자의 수가 줄어드는 전환점이 되었다. ─ 옮긴이 주.
森永頼鷹 外,「思春期におけるブロン乱用患者の1例」,『東女医大誌』第86卷, 2016. 1.

기타 배경

여기에서는 지금까지 다루어 온 사회적 히키코모리 증상 이외의 다양한 배경에 대해 설명하겠습니다.

가족의 경우, 아버지는 대졸 회사원으로 특히 관리직이 많았고, 어머니도 고졸 이상의 전업 주부가 평균적이었으며, 대부분은 현대 일본에서 중산층 이상의 계층이었습니다. 또한 이혼이나 단신 부임 등의 특수한 가정 사정이 없는 경우가 70퍼센트 가까이를 차지했습니다. 임상적인 관점에서 보아도 히키코모리 사례의 배경에 극단적으로 파탄이 난 가정 환경이나 학대와 같은 '큰' 문제가 있는 경우는 적은 것 같습니다. 오히려 '히키코모리'를 여러 의미에서 일본의 가장 평균적인 가정에서도 볼 수 있다는 사실은, 이 문제가 현대 일본의 사회 병리와 깊은 관계를 맺고 있음을 증명하기도 합니다. 그것은 아마 '청소년의 무기력화' 같은 일종의 소박한 문제 의식으로는 해결할 수 없는 병리성이 아닐까 하는 막연한 예감이 들기도 합니다.

형제의 경우, 본인을 포함하여 두 명 이상이 85퍼센트였으며, 순위로는 첫째가 60퍼센트로 과반수를 차지했습니다. 또한 그중에서 첫째인 상남이 차지하는 비율이 49퍼센트였습니다. 장남이 꼭 첫째라고는 규정할 수 없지만 장남의 비율은 확실히 과반수를 차지하며, "사회적 히키코모리는 남성, 특히 장남에게 많다"라는 추측이 꼭 근거가 없지는 않음을 알 수 있습니다. 보통 장남에게 커다란 기대를 거는 일본의 사회적 배경에서 생각해 보아도 흥미로운 결과라고 할 수 있습니다.

사례가 히키코모리 상태에 이르는 계기에 대해서는 '불명'이 가장 많은 수인 39퍼센트, 이어서 '가족 이외의 대인 관계 문제'가 38퍼센트, '학업상의 좌절 체험'이 18퍼센트, '취학 환경의 변화'가 10퍼센트의 순서였습니다.

처음에 어떤 증상으로 시작되었는지에 대해서는 '등교 거부'가 가장 많은 69퍼센트였으며, 다음으로 방에 틀어박히게 된 경우가 29퍼센트, 무기력이 25퍼센트였습니다. 또한 히키코모리의 지속 기간은 초진 시점에서 평균 23개월, 확인 시점에서는 평균 39개월이었으며 보다 장기화된 경우는 168개월(14년)에 걸쳐 있었습니다.

문제가 발생했을 때의 소속은 '고등학교 1학년'이 23퍼센트로 가장 많았고, 이어서 '중학교 2학년'이었습니다. 그리고 병원에서 처음 진찰을 받은 시점으로 따지면 '소속 없음'이 45퍼센트로 절반 가까이를 차지했고, 이어 '고등학교 1학년', '고등학교 2학년' 순서였습니다. 이 결과는 문제가 생기고 나서 상담 기관을 방문할 때까지 몇 년 단위의 시간이 걸린다는 것을 보여 주고 있습니다. 또한 본인의 최종 학력은 '중학교 졸업'이 가장 많은 31퍼센트였으며, 이어서 '고등학교 졸업'이 29퍼센트, '고등학교 중퇴'가 18퍼센트였고, 현재 직업에 대해서는 '무직'이 가장 많은 48퍼센트, 이어서 '학생'이 44퍼센트라는 결과를 보여 주었습니다.

'사회적 히키코모리'가 '발병'하는 계기에서 '학교 관계'가 대부분을 차지하고 있음은 분명합니다. 발병했을 때의 평균 연령이 15.5세이고 그들 대부분이 문제가 발생했을 때 학생이었기 때문에 이는 당연한 결과라고 할 수 있습니다. 따라서 첫 번째 '증상'으로 70퍼센트에 가까운 사례가 '등교 거부'를 보여 주었으며, 또 경과 중에 일어난 경우를 모두 포함한다면 90퍼센트 가까운 사례에서 등교 거부가 나타났다는 것은 중요한 결과입니다.

등교 거부는 사춘기와 청년기 부적응의 신호 혹은 어떤 정신 질환의 초기 증상으로서 매우 중요한데, 이 결과는 그를 뒷받침하는 것으로 생각됩니다. 앞서 다루었듯이 이른바 등교 거부의 예후 조사는 지금까지 수 차례 이루어져 왔습니다. 그러나 예후가 좋지 않은 영역에 대한 추적 조사는 그다지 충분하게 이루어지지 않았습니다. 우리의 조사에는 경과가 좋지 않았던 등교 거부자에 대한 예후 조사라는 측면도 있겠지요. 어쨌든 일부의 등교 거부 사례가 히키코모리 상태로 장기화되고, 그 경과가 길어질수록 사회 복귀가 어려워진다는 사실은 경시되어서는 안 될 것입니다.

'히키코모리'의 심리적 원인은 무엇인가

'히키코모리'가 심인성 장애라 한다면 그 '심인'이란 무엇일까요? 그 계기로는 학교에서의 다양한 좌절 체험, 예를 들면 실연이라든가 성적 부진, 수험 실패, 혹은 왕따 체험 등을 생각할 수 있겠지만 과연 그것만이 원인일까요? 만약 그것만이 심리적 원인이라면 그러한 외상 체험이 이처럼 오랜 기간 동안 그림자를 남기는 것은 왜일까요? 어떤 종류의 심인성 질환은 그 심리적 원인이 되는 체험 후에 몇 년씩 증상이 지속되기도 합니다. 하지만 그들 대부분은 체험과 증상의 관계를 명확하게 의식하지 못합니다. 기억

속에서 봉쇄해 버렸을 괴로운 체험이 무의식을 통해 증상을 일으키는 것이 다양한 신경증의 패턴인데, 그에 비해 히키코모리 사례에서는 보통 계기가 된 체험의 기억이 선명하게 유지되는 편입니다.

조금 전에 다루었듯이, '히키코모리'의 경우에는 심리적 원인으로 생각되는 경험에 비해 그것이 일으키는 사태가 너무나 중대하다는 인상을 받습니다. 이것은 아마도 '히키코모리'가 단일한 심리적 원인에 의해 일어나는 장애가 아니기 때문일 것입니다. 히키코모리는 복합적인 원인이 존재함과 동시에 심리적 외상이 심리적 외상을 계속 만들어 내는 일종의 악순환 시스템으로 보입니다. 확실한 단서는 성적 저하나 친구와의 불화, 왕따 체험 등에 있을 것입니다. 그러나 그 때문에 일단 틀어박히고 나면 대인 관계를 통해 얻을 수 있는 치유의 기회를 빼앗기게 됩니다. 타인은 심리적 외상이나 스트레스를 주기도 하지만, 그와 동시에 타인의 도움 없이는 외상으로부터의 회복도 불가능해집니다. '히키코모리'의 자연 치유가 어려운 이유 중 하나도 타인과의 유익한 접점이 없기 때문으로 보입니다. 즉, '히키코모리' 그 자체가 심리적 외상이나 다름없는 영향을 끼치게 되는 것입니다. 그렇게 생각하지 않으면 '히키코모리'의 심리적 원인과 그 결과의 불균형을 설명할 수 없습니다.

지금까지 다루었던 것은 '히키코모리 시스템' 장에서 더욱 자세하게 논하겠습니다.

3. 다양한 정신 질환을 동반하는 '히키코모리'

초기 진단의 중요성

서두에서도 언급했지만 '사회적 히키코모리'는 병명이 아닙니다. 지금으로서 이 상태를 종합적으로 칭할 수 있는 적절한 병명은 없습니다. 또한 '히키코모리'를 두고 단일한 질환으로 봐서는 안 된다는 의견도 있는데, 이 또한 그 나름대로 정당한 의견입니다.

물론 이 책에서 다루고 있는 '사회적 히키코모리' 이외에도 비슷한 상태의 질환이 몇 가지 있습니다. 초기에 대응을 어떻게 하느냐로 명암이 갈릴 수도 있다는 점을 생각해 보면, 여기서 관련 질환에 대해 간단하게 정리해 두는 편이 좋을 것입니다.

질환을 설명하기 전에 정신과의 개념을 간단하게 복습하고자 합니다.

먼저 정신 장애의 분류에 대해서입니다. 정신과의 병은 그 원인에 따라 세 가지로 나뉩니다. 즉, '심인성(心因性, psychogenic)'과 '내인성(內因性, endogenous)', '외인성(外因性, exogenous)'으로 나뉩니다.

'심인성' 질환은 다양한 심리적 문제가 원인이 되어 발생합니다. 충격이나 스트레스 혹은 어린 시절의 심리적인 상처 등으로 생기는 병입니다. 따라서 뇌의 기능 그 자체에는 이상이 보이지 않기 때문에 검사로 진단할 수 없습니다. '사회 불안 장애'나 '강박성 장애', '섭식 장애' 등은 심인성 질환입니다.

'내인성' 질환은 뇌 기능의 어떤 이상 때문에 발생한다고 할 수 있습니다. 하지만 그러한 기능 이상 또한 검사를 통해서는 찾을 수 없습니다. 말하자면 '정신병', 즉 조현병이나 우울증은 내인성 질환에 속합니다.

'외인성' 질환은 기질성 질환이라고도 합니다. 뇌 신경계에 실질적인 이상이 있고 그것이 뇌 기능에 장애를 초래하고 있기 때문에 일어나는 질환입니다. 이는 뇌를 CT 스캔하거나 MRI 검사, 뇌파 검사 등을 통해 진단할 수 있습니다. 간질이나 자폐 스펙트럼 장애, 치매 등은 외인성 질환으로 여겨집니다.

위의 분류를 이용하자면 '사회적 히키코모리'는 심인성 문제입니다. 다만 다른 정신 장애에서도 '히키코모리'가 발생합니다. 따라서 치료를 시작하기 전에 제대로 진단한 후 치료의 방침을 정해 둘 필요가 있습니다. 적지 않은 병원이 "부모님만으로는 치료가 되지 않기 때문에 본인을 데리고 오세요"라고 하는 것은 직접 만나지 않는 한 정확한 진단을 내릴 수 없기 때문입니다. 진단도 하지 않고 본격적인 치료에 들어갈 수 없음은 당연한 일이긴 합니다.

아마도 초기 대응에서 가장 문제가 되는 점은 '조현병이냐 아니냐'일 것입니다. 만약 그것이 조현병으로 인한 히키코모리라면 치료는 약물 요법을 중심으로 이루어집니다. 이 경우는 적절한 약물 요법만으로도 빠르게 좋아지는 경우도 적지 않습니다. 반대로 방치되면 만성화되는 바람에 때로는 인격까지 변해 버리는 경우도 있습니다. 그렇다면 히키코모리 상태를 일으킬 수 있는 질환에는 어떤 것이 있을까요?

조현병

우선 가장 중요한 질환인 '조현병'과 '사회적 히키코모리'는 어떻게 구별할 수 있을까요?

물론 조현병 중에서도 '히키코모리'를 수반하는 것은 일부입니다. 많은 경우, 이는 환각이나 망상 등의 증상을 동반하며 명확하게 비정상적인 언동으로 나타납니다. 이렇게 누가 보아도 분명한 이상성('양성 증상'이라고 지칭)이 있는 경우, 진단은 비교적 간단하게 내릴 수 있습니다.

그러나 조현병 환자 중에 증상이 좀처럼 눈에 띄시 않는 타입이 있습니다. 병이 가볍기 때문인가 하면 반드시 그렇지만은 않은데, 그래서 조현병 진단이 어렵습니다. 양성 증상이 보이지 않는 경우에는 오히려 '히키코모리'나 '무기력'이 눈에 띕니다. 이것은 아까의 '양성 증상'에 대비하여 '음성 증상'이라고 부릅니다. 이런 사례에서는 병이 심인성인 '사회적 히키코모리'인지, 그게 아니라면 조현병인지를 판단하기가 매우 어렵습니다.

앞서 소개했던 『DSM-IV(첫 출간 당시의 책. 현재는 DSM-V)』라는, 거의 전 세계에서 공통적으로 사용되는 진단 매뉴얼조차도 조현병인지 심인성 히키코모리인지를 구별하는 데는 별로 도움이 되지 않습니다. '사회적 히키코모리' 사례에서는 DSM-IV에서 조현병의 특징으로 다루는 '감정의 평판화', '명확한 사회적 고립 또는 은둔', '기대되는 사회적 발달 수준에의 미달', '기능의 명백한 장애', '신변의 청결과 몸가짐의 명백한 장애', '대화의 빈곤이나 대화 내용의 빈곤', '자발성, 흥미, 기력의 명확한 결여'라는 상태를 종종 볼 수 있기 때문입니다.

그렇다면 명백한 환각이나 망상이 보인다면 '조현병'이라고 진단해도 될까요? 이것도 그렇게 단순하지는 않습니다. 이전 장에서도 다루었지만 '사회적 히키코모리'에서도 망상 같은 것이 생길 수 있기 때문입니다. "이웃이 창밖에서 내 욕을 하고 있다"라거나 "남의 차가 집 앞에 주차해서 나를 감시하고 있다"와 같이 호소하는 경우도 드물지 않습니다.

이러한 호소를 조현병 본래의 '망상'과 구별하기는 매우 어렵습니다. 어떤 전문가라도 잘못을 범할 수 있고 저 또한 오진을 했던 경험이 있습니다. 즉, '망상'과 히키코모리의 '망상적 관념'은 이론적으로는 구별할 수 없습니다. 무리하게 이유를 붙이려고 한다면 "이 망상은 조현병적이지 않기 때문에 조현병이 아니다"라는, 실은 아무 말도 하지 않은 것과 다름없는 이야기가 되어 버립니다. 하지만 그러한 제약을 감안하고서라도 여기에서 조현병과 '사회적 히키코모리'의 '인상 차이'를 논해 보도록 하겠습니다.

우선 가장 큰 차이로, 히키코모리 사례의 '망상적 관념'에서는 왜 그런 관념을 가지게 되었는지, 그리고 그 방향과 인과 관계는 무엇인지를 어느 정도는 이해할 수 있습니다. 아무리 피해망상적이라고는 해도 본인이 왜 피해를 느낄 수밖에 없었는지에는 공감할 수 있는 부분이 상당히 많습니다. 이후에도 다루겠지만, 본인이 어떤 점에 열등감이나 부끄러움을 가장 크게 느끼고 있는지를 이해함으로써 그들에게 어느 정도 공감할 수 있을 것입니다. 대략적이긴 하지만 조현병의 경우에는 이렇게 공감하기가 어려운 경우가 많아 보입니다.

게다가 조현병에서는 독특한 '기묘함'을 볼 수 있습니다. 이 '기묘함'의 감촉을 말로 표현하는 것은 매우 어렵습니다. 단지 엉뚱하다든지 이상하다와 같은 말로는 표현하기 어려운 위화감이 있습니다.

비교적 다수의 사례를 들어 보자면, "TV에서 자기 이야기를 하고 있다"라며 TV를 거의 안 보게 되거나, 혹은 "나를 향해 전파나 전자파가 발신되어 고통을 받는다"라고 호소하는 경우가 있습니다. 또한, 혼자 있을 때에도 혼잣말을 하거나 계속 웃어 짖히는 경우가 있습니다. 기묘한 행동의 예로, 이웃집에 불이 붙은 종이 조각을 던지는 사례도 있었습니다. 물론 절대적이라고는 할 수 없겠지만 이러한 언동이 드러나는 사례에서 저는 제일 먼저 조현병을 의심하기로 했습니다.

제 생각에 '사회적 히키코모리'와 조현병의 가장 큰 차이는 충분한 의사소통이 이루어질 수 있는지의 여부에 달려 있습니다. 아무리 과묵한 성격이라도 그것이 '사회적 히키코모리'의 사례라면 본인이 말하고 싶은 바나 호소하고 싶은 바를 표정이나 행동 등을 통해 어떻게든 알 수 있는 경우가 많습니다. 보통 주변 사람들도 어느 정도 노력하면 그 괴로움을 이해할 수 있습니다. 그것이 익숙해진다면, 예를 들어서 본인이 아무 말없이 쿵쿵거리며 돌아다녀도 무엇이 마음에 들지 않았는지 추측할 수 있게 됩니다.

한편 조현병의 경우는 그렇게 판단하기가 어렵습니다. 본인이 왜 그런 행동을 하는지 이해하기 힘든 경우가 많습니다. 보통 맥락이 없고 갑자기 기묘한 행동이 반복되는 경우에는 역시 조현병을 최우선으로 의심하게 될 것입니다.

이와 관련하여, 심인성 히키코모리와 조현병을 구분하는 방법을 정신과 의사인 가스가 다케히코春日武彦 씨에게 배운 적이 있습니다. 가스가 씨는 치료자가 보낸 편지나 메모를 가족을 통해 본인에게 건네줬을 때 그것을 손에 들고 읽는 것 같으면 심인성의 증상이며, 전혀 관심을 보이지 않는 것 같으면 조현병을 의심한다고 했습니다. 이것은 제 자신의 임상 경험에 비추어 보아도 상당히 납득할 만한 방법인 것 같습니다.

사회적 히키코모리는 사람을 피하는 것 같지만 실제로는 사람과의 만남을 갈망하는 경우가 많습니다. 한편 조현병의 사례에서는 타인과의 접촉을 완전히 피하려고 하거나 혹은 완전히 무관심한 경우가 많습니다. 물론 100퍼센트는 아니지만 이 감별법에는 상당한 임상적 유효성이 있습니다.

스튜던트 애퍼시와 퇴각 신경증

히키코모리와 관련하여 등교 거부와 함께 가장 중요한 문제적 행동이 '스튜던트 애퍼시'입니다.

스튜던트 애퍼시는 70년대부터 주목받았던 질환 개념입니다. 한마디로 말하자면 이는 대학생의 등교 거부를 의미합니다. 다만 일반적인 등교 거부와는 몇 가지 다른 특징이 있기 때문에 독자적인 개념으로 연구가 진행되어 왔습니다.

먼저 이 개념을 간단히 설명하도록 하겠습니다.

1961년에 스튜던트 애퍼시를 처음으로 연구했던 P. A. 월터즈 Walters는 그 심리에 대해 다음과 같이 설명하고 있습니다. 스튜던트 애퍼시는 남성에게 자주 보이며 시험과 같이 경쟁적인 상황을 피하는 경향이 있습니다. 때문에 남성으로서의 정체성이 발달하기 어려워지고, 이것이 주된 원인이 되어 무신경한 상태가 지속됩니다. 또한 '경쟁의 회피'는 일종의 공격성과 같은 의미를 가진다고 합니다.

나고야 대학 명예 교수인 가사하라 요미시 씨는 70년대부터 80년대에 걸쳐 이 스튜던트 애퍼시의 개념을 일본에 소개하였고, 개념의 탄생지인 미국 이상으로 활발한 연구 활동의 기초를 닦았습니다.

가사하라 씨는 스튜던트 애퍼시의 병리를 학생에게만 한정하지 않고 '퇴각 신경증'이라는 새로운 임상 단위로 제창했습니다. 아래에 그 특징을 정리해 보겠습니다.

- 주로 대학생 나이의 남성에게 많음.
- 무관심과 무기력, 무감동, 그리고 삶의 보람과 목표 및 진로 상실을 자각하고 있으며 정체성의 불확실성을 호소함.
- 불안, 초조함, 우울증, 괴로움, 후회 등의 고통스러운 감정 모두가 없기 때문에 스스로 치료를 요구하지 않음.
- 자신이 처한 상태에 대한 심각한 갈등이 없고, 그 상태에서 벗어나려는 노력도 전혀 하지 않음.
- 자신이 이상하다는 자각이 없는 것은 아니며, 대인 관계에 대단히 민감해서 혼나거나 거절당하면 심하게 상처받음. 자신이 확실히 받아들일 수 있는 경우 외에는 피하는 경향이 있음.
- 고통스러운 체험이 내면적 갈등 등의 증상으로 연결되지 않고 밖으로 행동화됨. 즉, 무기력과 퇴각, 그에 따른 배신 등의 행동으로 나타남. 폭력이나 자살 계획 등 어떤 격렬한 행동 자체는 많지 않음.
- 부분적으로 학업에 대한 무관심을 보이지만 아르바이트에는 열중하는 등의 이른바 '부업 가능성'이 높음.
- 우열이나 승패를 과민하게 받아들이며 패배나 굴욕이 예상되는 상황을 피하는 경향이 있음.

위의 특징은 사회적 히키코모리 청년들 일부와도 상당히 들어맞습니다. 특히 대학생 히키코모리 사례에서는 그 상당 부분이 스튜던트 애퍼시와 겹칩니다.

일반적으로 사회적 히키코모리의 사례에서는 종종 강한 갈등이나 폭력 등의 행동화Acting out가 보입니다. 이 점에서는 스튜던 트 애퍼시에 대한 서술과 일치하지 않는 것처럼 보이지만, 이러한 갈등이 무엇에서 유래한 것인지를 생각해 보면 큰 차이는 없음을 알 수 있습니다.

히키코모리 청년들의 갈등은 현 상황에 대한 불만이나 열등감 에서 발생하는 경우가 많습니다. 그러나 대학에 소속되어 있을 경 우 이러한 강한 갈등은 당분간 보류할 수 있습니다. 대학생이라는 사회적 포지션이 강력한 심리적 근거가 되기 때문입니다. 또한 세 상 사람들도 대학생이라는 신분에 아직 관대한 부분이 있기도 합 니다. 재수생이나 유급생이 드물지 않은 대학이라는 공간은 일본 에서 거의 유일하게 나이 차이로 인한 초조함을 피할 수 있는 사 회입니다. 또한 기대되는 의무나 생산성이 거의 없기도 해서 여러 면에서 부담이 적은 시기입니다.

그러나 대학에 다닐 때에는 갈등을 보류할 수 있어도 졸업하고 나면 그렇게 되지 않습니다. 제 경험으로도 스튜던트 애퍼시로부 터 시작하여 심각한 사회적 히키코모리 상태에 이른 사례가 드물 지 않습니다. 또한 대학생의 등교 거부 사례에서도 대인 관계의 어려움이 심한 경우에는 통상적인 사회적 히키코모리와 마찬가 지로 강한 갈등을 호소하는 일도 적지 않습니다.

스튜던트 애퍼시와 사회적 히키코모리를 굳이 구분하려 해도 그다지 적극적인 의미는 없는 것 같습니다. 따라서 이 책에서는 스튜던트 애퍼시도 사회적 히키코모리의 한 형태라고 간주하겠 습니다.

회피성 인격 장애

최근 히키코모리에 대해 회피성 인격 장애라는 진단명을 사용하는 의사가 늘어나고 있습니다. '인격 장애'란 서두에서도 언급했듯이 심인성 정신 장애로 볼 수 있습니다. 그러나 여전히 발달되는 과정에 있는 것으로 보이는 많은 히키코모리 사례를 '인격 장애'라는 고정적인 견해(정의상 그렇게 됨)로 파악할 수 있느냐 하는 의문이 생기지 않는 것은 아닙니다.

'회피성 인격 장애'는 DSM-IV의 진단 기준에서는 다음과 같은 특징을 가집니다.*

사회 활동의 제한, 부적절감, 그리고 부정적 평가에 대한 과민성 등이 성인기 초기에 시작되고 여러 가지 상황에서 나타나며 다음의 네 개(또는 그 이상) 항목을 충족시킨다.

(1) 비판, 꾸중, 또는 거절이 두려워서 대인 관계가 요구되는 직업, 활동을 회피한다.
(2) 호감을 주고 있다는 확신이 서지 않으면 상대방과의 만남을 피

---

* 본문에서 제시되는 DSM-IV 진단 기준의 번역은 다음의 한국어판을 참고하였다. 다만, 진단 기준 (7)에서 원문과 약간의 차이가 있어 DSM-V판을 참고해 수정하였다(DSM-IV와 V의 진단 기준에 큰 차이는 없다). ― 옮긴이 주.
American Psychiatric Association, 하나의학사 역, 『정신장애의 진단 및 통계편람 제4판』, 하나의학사, 1994.
American Psychiatric Association, 권준수 외 역, 『정신장애의 진단 및 통계편람 제5판』, 학지사, 2018.

한다.

(3) 창피와 조롱을 당할까 봐 두려워서 친밀한 관계를 제한한다.

(4) 사회 상황에서 비난받거나 버림받을 것이라는 생각에 사로잡혀 있다.

(5) 자신이 부적절하다고 느끼기 때문에 새로운 사람과 만날 때는 위축된다.

(6) 스스로를 사회적으로 무능하고 개인적으로 매력이 없으며 열등하다고 생각한다.

(7) 쩔쩔매는 모습을 들킬까 봐 두려워서 새로운 일 혹은 개인적인 위험을 감수하는 일을 드물게, 마지못해서 한다.

이러한 진단 기준은 분명 '사회적 히키코모리'에 상당 부분 들어맞는다고 할 수 있습니다. 다만, 겹치는 부분이 크긴 해도 사실 이 진단 기준은 강한 대인 공포 경향이 있는 사람에게도 해당됩니다. 물론 사회적 히키코모리의 성인 사례에 대해 이 진단을 내리는 것이 잘못이라고는 할 수 없습니다. 후에 '국제 비교' 절에서도 언급하겠지만, 표준화를 고려해 볼 때 이 진단이 가장 적절하다고 할 수도 있을 것입니다. 하지만 제가 이 진단을 전면적으로 받아들일 수 없는 이유 중 하나는 애초에 '인격 장애'라는 진단을 개인적으로 크게 신용하지 않기 때문입니다. 회피성 인격 장애의 진단 기준에 있는 행동 패턴은 사춘기 사례의 경과 속에서 일시적인 형태로 자주 볼 수 있습니다. 그런 사례에까지 '인격 장애' 진단을 내리는 데에는 아무래도 거부감이 듭니다. 오히려 이를 넓은 범위의 심인성 장애 중 하나로 생각하고 치료 전략을 세우는 편이 더 효과적이고 의미 있을 것이라고 생각합니다.

경계성 인격 장애

'경계성 인격 장애'는 최근 '경계 사례'나 '보더라인Borderline'으로 언론에도 점점 많이 보도되고 있습니다. 이를 한마디로 말하자면 대인 관계나 정서 등이 매우 불안정하고 종종 폭력 사건이나 자살 미수를 일으켜 문제가 되는 사례를 가리킵니다. 사람이나 물건에 대한 태도가 선과 악이라는 양극으로 갈라지게 되며, 항상 공허함과 막연한 분노를 안고 있기 때문에 고독에 약한 반면에 안정된 인간 관계를 만들지도 못한 채 수년 동안 불안정한 상태가 계속되는 사람이라는 이미지입니다. 이렇게 말하면 사회적 히키코모리 사례와는 관계가 없을 것 같다고 생각할지도 모릅니다. 뭐니 뭐니 해도 이 '질병'의 특징 중 하나가 '타인과 어울리지 않고는 못 견딘다'라는 것이기 때문에 히키코모리는커녕 그 반대편에 있다고 볼 수도 있습니다.

그러나 사안은 그렇게 단순하지 않습니다. 저도 종종 경험하지만, 경과를 볼 때 통상적인 사회적 히키코모리 사례처럼 보였던 사람이 치료가 진행됨에 따라 점차 경계성 인격 장애와 같은 상태로 바뀔 수 있습니다. 특히, 입원 치료에서 그러한 변화가 일어나는 경우가 많습니다. 어떤 사례가 그러한 변화를 일으키는지를 사전에 구별하기가 어려워서 치료를 시작해 봐야 알 수 있습니다. 왜 이런 일이 일어나는 것일까요? 앞부분에서 가사하라 요미시 씨는 스튜던트 애퍼시와 경계성 인격 장애가 병리적으로 상당히 공통되어 보인다고 지적하고 있습니다. 경계성 인격 장애의 특징적인 병리에는 자기 정체성 장애, 자기 분할splitting, 무쾌락, 공허감이 있다고 합니다. 이것들은 사회적 히키코모리의 사례에서도 종종 볼 수 있습니다. 또한 가사하라 씨는 경계성 인격 장애에서는 '행동화', 즉 폭력이나 자살 미수 등의 증상이 보이는 반면에 스튜던트 애퍼시에서는 사회생활을 하다가 홀로 틀어박혀 버리는 '음성적 행동화'가 보인다고 합니다.

여기서 경계성 인격 장애에 관해 제 개인적인 견해를 조금 밝혀 두겠습니다. 이른바 경계성 인격 장애란 우리 모두에게 어느 정도는 존재하는, 꼭 병리적이라고만은 할 수 없는 심리가 극단적으로 표현되는 사례입니다. 예를 들어 경계성 인격 장애의 병리로 여겨지는 '투사적 동일시Projective Identification'는 우리들의 일상 생활에서도 볼 수 있습니다. '투사적 동일시'는 이를테면 자신이 친구에게 화를 내고 있음에도 거꾸로 그 친구가 자기에게 분노하는 듯한 느낌을 받을 때를 가리키는 심리학 용어입니다. 이처럼 정도에 따라서는 정상으로 보이는 심리 상태가 경계성 인격 장애에서는 극단적인 형태로 등장한다고 생각해도 좋습니다. 그래서 우리와 경계성 인격 장애 사례의 사이에는 '건강'과 '질병'을 나누는 명확한 경계가 없습니다. 또한, 어떤 종류의 대인 관계 속에서는 건강한 성인이 경계성 인격 장애와 같은 행동을 하는 일도 드물지 않습니다. "치료자가 경계성 인격 장애를 만들어 낸다"라는 것은 이러한 경우를 가리킵니다. 따라서 정상인 이상으로 병리적인 상

황에 처하기 쉬운 '사회적 히키코모리'의 사례가 때때로 경계성
인격 장애와 같은 상태로 변해 가는 것은 충분히 있을 수 있는 일
입니다.

사춘기 망상증

'사춘기 망상증'이란 사춘기 특유의 자기 시선 공포, 자기취 공
포 등을 주로 호소하는 사례의 총칭입니다. 이러한 호소는 아무리
주위 사람들이 그들의 '믿음'이나 '착각'을 설득해도 거의 바뀌지
않습니다. 그런 의미에서 이는 망상에 가까운 믿음이지만, 여러
가지 점에서 조현병과는 구별됩니다. 경과 중에도 증상이 그 이상
으로 발전하는 경우가 적거나 증상에 대한 완고한 믿음을 제외하
면 일상의 언동에 그다지 이상한 점이 눈에 띄지 않는 경우도 있
습니다. 이런 종류의 사례는 나고야 대학(당시)의 우에모토 유키
오植元行雄 씨 등이 최초로 보고했습니다.

나고야 대학의 무라카미 야스히코村上靖彦 씨 등의 보고에서는
사춘기 망상증에서 '자기 부전감'*이나 "다시 과거로 돌아가고 싶
다"라는 소망, '마술적 단락 사고(과거로 돌아가서 처음부터 다시
할 수 있다고 믿는 것)'가 강하다고 보고 있습니다. 또한, 타인이 가
지고 있는 자신의 이미지에 대한 수용을 거부하는 경향이 있다고
합니다. 이러한 특징은 사회적 히키코모리에도 해당되는 것으로

---

* 自己不全感(Self-Insufficiency). 자기 자신이 불완전하게 느껴지고 어떤 일도 제
대로 해낼 수 없다고 느끼는 것. — 옮긴이 주.

보입니다. '사춘기 망상증'은 히키코모리 사례와 진단이 상당히 겹친다고 볼 수 있을 것입니다.

우울증

가사하라 요미시 씨는 우울증과 스튜던트 애퍼시의 감별에 관해, 데이쿄 대학의 히로세 데쓰야広瀬徹也 씨의 이른바 '도피형 우울증' 등과 같이 관련성이 있는 진단명을 함께 다루면서 우울증과 스튜던트 애퍼시의 특징으로 다음과 같은 점을 들고 있습니다.

a. 우울감이나 비애감, 죄책감이 결여된 것.
b. 자율 신경 증상, 수면 장애, (우울증으로 보이기 쉬운) 일상적인 기분 변화가 결여되어 있는 것.
c. 이차적으로는 우울증이 될 수 있지만 그것이 주된 감정은 아닌 것.
d. 다른 사람의 도움을 요청하지 않는 것.
e. 생활 전반에서 활동성의 저하가 보이지는 않는다는 것.

또한 스튜던트 애퍼시의 개념을 주창한 월터즈의 지적에 따르면 스튜던트 애퍼시 사례는 우울증 환자처럼 "외부 세계로부터 사랑을 갈구하지 않는다"라고 합니다. 스튜던트 애퍼시 사례는 오히려 "외부 세계에는 자신이 원하는 것이 없다"라며 거절하는 경우가 많다고 합니다. 이는 사회적 히키코모리 사례에 일반적으로 적용되는 지적이라고 할 수 있을 것입니다.

여기에 인용한 가사하라 씨의 지적은 일부 히키코모리 사례에는 잘 들어맞지만, a나 e 등과 같이 크게 해당되지 않는 항목도 있습니다. '우울증'으로 진단하는 데 중요한 b와 같은 '신체 증상', 특히 수면 장애나 식욕 부진, 아침 우울증 같은 증상의 경우 히키코모리 사례에서는 명백하지 않습니다. 또한 c와 같이 "우울한 기분이 일차적인 것은 아니다"라는 점도 중요한 차이입니다. 그러나 역시 가장 큰 차이는 '우울증'이라면 약물 요법으로 치료할 수 있다는 점입니다. 항우울제가 진보함으로써 통상의 우울증이라면 약물 요법으로 80퍼센트 정도의 개선율을 기대할 수 있습니다. 사회적 히키코모리 사례에서는 물론 약물이 부분적으로 유효할 수도 있지만 이 정도의 효과는 기대하기 어려운 경우가 많습니다.

분열성 인격 장애

이 진단은 한때 '정신병질Psychopathy' 중 하나였던 '분열 기질 Schizothymia'과 거의 비슷합니다. 이는 하나의 성격 경향으로, 내성적이면서 고독을 좋아하고 사회적으로 히키코모리 상황에 처하기 쉬운 사람을 가리킵니다. 이런 경향은 히키코모리 사례와 부분적인 공통성이 있습니다. 그러나 가사하라 씨는 이 진단과 스튜던트 애퍼시의 주요 차이점을 다음과 같이 꼽고 있습니다.

a. (스튜던트 애퍼시에서는) 타인에 대한 깊은 의심, 고립 경향, 수동적으로 사물을 대하는 것, 태도에 '차가움'이나 '딱딱함'이 적은 것.

b. (스튜던트 애퍼시는) 문제가 일어나기 전에는 대부분 활발했으

며, 또 치료에 의해 회복될 가능성이 있는 것.

이에 더해, DSM-IV의 분열성 인격 장애의 진단 기준 항목이지만 히키코모리 사례에서는 전형적이지 않은 특징으로 다음과 같은 것이 있습니다.

c. 다른 사람의 칭찬이나 비난에 무관심함.
d. 가족과의 관계를 포함해서 친밀한 관계를 바라지도 않고 즐기지도 않음.

히키코모리 사례에서는 오히려 이와 정반대의 경향을 볼 수 있습니다. 요컨대 히키코모리 상태에 있는 사람들은 보통 사람들 이상으로 '칭찬받기'를 원하고 '비판'에 과도하게 민감해집니다. 즉, 마음 어딘가에서는 타인과의 관계를 간절히 바라는 경우가 많습니다.

순환 기분 장애

최근 '순환 기분 장애Cyclothymia'라는 진단 개념이 주목받고 있습니다. 이것은 아주 간단하게 말하자면 가벼운 조울증에 해당합니다. 주로 미국에서 이 진단을 내리는 경우가 많으며, 일본에서는 별로 사용되지 않고 사례 보고도 거의 없습니다. 하지만 상당히 무거운 상태와 가벼운 상태를 오가는 이 질환은 임상 현장에서 가끔 만날 수 있습니다. 미국에서는 H. S. 아키스칼Akiskal을 비롯해서 많은 연구자들이 이 질병에 대해 보고하고 있습니다. 본질적으로는 조울증과 같은 질환으로 단순히 중증도가 다를 뿐이라고 여겨지는 경우가 많은 것 같습니다. 또한 실제로 장기간 경과를 따라가면 종종 진짜 조울증으로 이어진다고 합니다.

이 질환은 조기에 발병하면 사회생활에서 심각한 문제를 일으키기 쉽습니다. 원래는 능력도 있고 대인 관계도 서툴지 않아서 학창 시절까지는 문제없이 지내는 경우도 있습니다. 그러나 일단 사회에 나설 경우 행동에 일관성이 없어서 안정적인 취업이 매우 어려워집니다. 때문에 경조증 상태에서 취직에 성공하고는 트러블을 일으켜서 일을 그만두게 되는 경우도 발생하며, 자신감을 잃고 우울한 상태에 빠지는 일을 반복하게 됩니다. 성격이나 행동 경향에서 사회적 히키코모리 사례와 대조적이지만, 결과적으로 히키코모리도 같은 경과를 따라가는 경우가 많은 것으로 보입니다. 사례의 수가 결코 많다고는 할 수 없지만 저 또한 지금까지 다섯 건 정도 이러한 경험이 있기에 보기 드문 질환이라고 생각되지는 않습니다.

순환성 기분 장애의 사례는 히키코모리 사례와는 오히려 대조적인 부분이 많기 때문에 구분하기가 그다지 어렵지는 않습니다. 또한 히키코모리 사례와는 달리 약물 요법을 통해 개선을 기대할 수 있습니다. 다만, 대응을 잘못했을 경우 히키코모리 사례 이상으로 치유가 힘들어질 수 있기 때문에 쉽게 생각해서는 안 될 것입니다.

4. 사회적 히키코모리는 병인가

종래의 정신의학에서의 위치

'사회적 히키코모리'는 병일까요? 정말 그런지는 확실히 해 둘 필요가 있습니다. 만약 사회적 히키코모리가 병이라면 먼저 대처법을 제시하고 진단과 치료 시스템을 같이 정비할 필요가 있기 때문입니다.

사례가 늘어나면서 전문가가 그 존재를 무시할 수 없게 되었을 때 혼란을 줄일 방법이 있을까요? 저는 그것이 '히키코모리'라는 상태를 가능한 한 기존의 성신의학 안에 자리매김해 두는 일이라고 생각합니다. 물론 이러한 사례에는 다양하게 시대를 반영하는 부분도 있으며 지금까지의 틀만으로는 구분하기 어려운 부분도 있습니다. 하지만 굳이 새로운 부분에 주목하기 전에 아무래도 공유 가능한 언어로 서술해 두는 일이 꼭 필요한 절차일 것입니다.

지금까지 저는 히키코모리 상태를 정신의학적으로 검토해 왔습니다. 이 장에서는 이러한 검토 결과에 더해 '사회적 히키코모리' 상태를 종래의 정신의학 안에 어떻게 자리매김할 수 있는지를 생각해 보도록 하겠습니다.

정신과 의사의 설문 조사

1992년 4월부터 5월에 걸쳐, 저는 쓰쿠바 대학 사회의학부의 이나무라 히로시 씨 등과 함께 '사회적 히키코모리'에 대한 정신과 의사의 의식을 조사해 보았습니다. 조사 대상은 전국 대학 의학부 등의 정신과 교수 99명, 일본 아동 청년 정신의학회 회원인 정신과 의사 103명, 그 밖에도 전국에 있는 치료 기관의 정신과 의사 101명 등 총 303명이었습니다.

전국 각지의 정신과 의사에게 설문 조사 형식의 질문지를 보낸 결과 102명의 선생님들이 응답했습니다. 그 결과를 집계해 보니 상당히 흥미로운 답을 얻을 수 있었습니다. 아쉽게도 이들 세 집단에서 설문 조사의 응답률은 제각각이었고 전체적인 회수율도 충분하지 않았기 때문에 의학 논문으로서 의미 있는 결과라고 할 수는 없지만, 일종의 참고 자료로 여기서 소개하겠습니다.

조사에서는 다음과 같은 네 가지 특징 조건을 모두 충족하는 사례를 의사가 어떻게 판단할 것인지를 물었습니다.

(1) 1년 이상 지속적으로 사회적 히키코모리 상태에 있음.
(2) 심인성으로 발병했을 가능성이 높음(기질성, 내인성일 가능성이 부정되거나 매우 낮음).

(3) 20대 후반 시기까지 발병.

(4) 히키코모리 이외의 다른 증상을 동반하지 않거나, 동반해도 이 차적으로 발생했을 가능성이 높은 증상(대인 공포, 강박 증상, 가정 내 폭력, 가벼운 피해 염려, 기타)에 그침.

우선, 이러한 사례가 증가하는 경향에 대한 질문에서는 "사례를 경험해 본 적은 있지만 크게 늘어나고 있다고 느끼지는 않는다"라는 답변이 57퍼센트, 이어서 "요즘 들어 증가하는 경향이 있는 것 같다"라는 답이 29퍼센트였습니다.

진단적으로는 어떻게 생각하는가라는 질문에 대해서는 "기존의 진단 분류로 진단할 수 있지만 그다지 충분하지 않다고 생각된다"라는 답변이 57퍼센트, "어떤 형태로든 새로운 진단 분류가 필요하다"라는 답변이 22퍼센트였습니다.

또한, 이러한 사례에 대한 가장 적절한 진단명은 "회피성 인격 장애"가 가장 많은 36퍼센트, "수반되는 증상에 따라 진단한다"가 이를 이어 25퍼센트, "퇴각 신경증"이 23퍼센트라는 결과가 나왔습니다.

이러한 사례를 성험해 본 직 없는 치료지가 생가보다 많았던 것과는 반대로, 전체의 30퍼센트에 가까운 치료자가 사례의 증가 경향을 지적했던 것은 제 개인적으로 의외였습니다. 종래의 진단 분류로는 부족하거나 불충분하다는 판단이 80퍼센트 가까이를 차지하고 있었음은 제가 실제로 느낀 바와 일치했습니다. 진단명에 대해서는 복수 응답이 대부분이었으며, 히키코모리 사례를 하나의 그룹으로 묶을 수 있는 것이 아니라 그 안에 다양한 상태의 상황이 포함되어 있다고 보는 치료자가 많은 것 같습니다. 사실 저도 임상에서는 히키코모리 환자에 대해 대부분 '대인 공포증'이 나 '강박 신경증' 등과 같이 그에 수반되는 증상에 따라 진단합니 다. 이는 다른 의사나 직원과의 연계를 중시하기 때문으로, 우선 상태가 어떤지를 쉽게 공유하기 위해서입니다.

치료의 필연을 인지하는 견해

조사 결과를 계속 인용하자면, 이러한 사례의 치료 필요성에 대 해서는 "치료가 필요하다"라는 답변이 50퍼센트, "사례에 따라서 는 치료의 대상이 될 수 있다"라는 답변이 48퍼센트로, 어떤 형태 로든 치료의 필요성을 인정하는 답변이 대부분을 차지하고 있었 습니다. 또한, 어떤 사례에 대해 치료를 시작하는가에 대해서는 "본인 혹은 부모가 희망한 경우"나 "조현병이 의심되는 경우", "자 해나 타해의 우려가 높아진 경우"라는 코멘트가 많이 접수되었습 니다. 여기서 치료의 필요성을 인정하는 견해가 답변의 대부분을 차지한 점의 의의는 매우 크다고 생각됩니다.

히키코모리 사례에 대해 유효하다고 생각되는 치료법에 대해 서는 "정신 요법"이 87퍼센트, "약물 요법"이 67퍼센트, "입원 치 료 내지는 수용 치료"가 37퍼센트였습니다.

여기에서는 '정신 요법'의 의미를 넓혀서 정신과에서 실시되는 치료법 중 약물이나 물질적인 자극을 사용하지 않는 방법 전반을 가리키는데, 정신 요법이라고 해도 그 내용은 대단히 다양합니다.

조사에서는 나아가 정신 요법으로 어떤 치료 기법을 염두에 두고 대응할 것인가라는 질문 항목을 마련했습니다. 이에 대한 답변으로는 "가족 요법"이라는 답변이 54.2퍼센트, "내담자 중심 요법"이 가족 요법에 이어서 53.1퍼센트였습니다.

물론 일본에 본격적인 가족 요법이 보급되어 있지는 않기 때문에 이 결과는 많은 정신과 의사가 가족을 중시하고 있다는 의미로 해석해야 할 것입니다. 마찬가지로 "내담자 중심 요법"이라는 것은 일명 로저스법*으로도 불리는데, 먼저 환자의 호소를 중시하며 지시성 말투를 사용하지 않도록 하는 태도를 의미합니다. 이 결과에는 많은 히키코모리 사례에서 본인 치료 의욕이 부족하여 치료가 중단되기 쉽기 때문에 치료자가 수용적, 비지시적으로 대응할 수밖에 없다는 속사정이 반영되어 있을지도 모릅니다.

그런데 가족의 중요성에 대한 인식이 상당히 널리 퍼져 있다고 한다면, 좀체 통원을 하지 않으려는 본인을 대신해서 가족만 상담에 다니는 것은 어떨까요? 그 결과는 "일종의 개선을 기대할 수는 있다"라는 답변이 64퍼센트, "뭐라 말할 수 없다"라는 답변이 26퍼센트였습니다.

---

* 심리학자 칼 로저스Carl Rogers가 제창한 이론. 인간 중심 치료Person-centered therapy 또는 내담자 중심 치료라고도 한다. 타인에 대한 판단보다는 이해를 중시하는 방법론으로, 인간의 긍정적인 자기실현 경향을 신뢰하며 근본적인 성장 잠재력과 유연성을 통해 역경을 극복할 수 있다고 믿는다. — 옮긴이 주.

사회 복귀를 향한 전망

치료가 진행되고 본인도 병원에 다니게 되면서 드디어 사회에 복귀하기 시작했을 때 이를 어떻게 진행해 나가야 할까요? 사회에 복귀함에 있어 의미가 있다고 여겨지는 활동에 대해 질문해 보았습니다.

"정신과 데이케어 시설"이 56퍼센트, "아르바이트"가 34퍼센트, "지인이나 친척의 직장"이 33퍼센트, "취미 동호회 등"이 25퍼센트, "전문 스태프가 참여하는 형태의 '아지트' 같은 시설"이 22퍼센트, "정신 장애인을 위한 작업소"가 22퍼센트라는 결과를 보였습니다.

또 '히키코모리의 예후'에 대한 질문에는 "전형적인 경과는 없다"라는 답변이 63퍼센트, "치료적 관여가 있으면 좋은 전망을 가질 수 있다"라는 답변이 22퍼센트, "치료를 해도 매우 심각하다"라고 답변한 이가 12.8퍼센트였습니다. 예후에 대한 제 견해는 답변의 대다수와 일치합니다. 즉, "히키코모리를 방치한다면 다양한 경과를 보이지만, 치료를 이끌어 낼 수 있다면 나름대로 좋은 전망을 가질 수 있는 경우가 많다"라는 것입니다.

이 조사에서는 일반적인 답변에 더해 많은 귀중한 코멘트를 받았습니다. 그중에서도 치료의 기본 자세로서 "치료자와의 접점"이나 "장소의 공유", "치료자와의 파이프라인(중개 역할)" 등의 표현이 있었는데, 치료 상황에서 본인과 지속적으로 접촉하는 것 자체에 의미가 있다는 지적을 통해 저 또한 많이 배울 수 있었습니다.

또한 사회 복귀 경로에 대해, 어떤 경로를 따라갈지는 케이스 바이 케이스라는 코멘트가 많이 접수되었습니다. 이러한 경로에 올라타게 하는 일 자체의 어려움도 종종 지적되었습니다.

이상이 우리의 설문조사의 집계 결과였습니다. 전체적으로 볼 때 의외로 우리의 견해에 가까운 답변이 접수된 데에 큰 용기를 얻었습니다.

히키코모리의 국제 비교

히키코모리 문제는 일본에만 있는 독특한 것일까요? 이는 어려운 질문입니다. 그렇다고도, 또는 그렇지 않다고도 대답할 수 있기 때문입니다. 일본의 히키코모리 사례와 같은 것이 해외에 존재하지 않는가 하면 꼭 그렇지도 않습니다. 그러나 히키코모리를 둘러싼 주위의 대응이나 사회 상황에는 일본 특유의 성질이 있습니다. 이것이 일본의 히키코모리 사례가 독특한 경과를 밟아 가는 하나의 요인이 되고 있을 것입니다.

저는 예전부터 해외 정신과 의사들이 이러한 '히키코모리' 문제를 어떻게 생각하는지에 흥미가 있었습니다. 다행히 인터넷이 보급됨으로써 여러 나라의 정신과 의사와도 간편하게 메일을 교환할 수 있는 환경이 갖추어졌습니다. 저는 즉시 몇몇 나라의 대학 정신과 혹은 정신 병원이나 학회 등의 홈페이지에 접속하여 메일을 보내 보았습니다. 기쁘게도 의외로 많은 답장이 돌아왔습니다. 내용도 꽤 흥미로웠기 때문에 그 일부를 여기에서 소개하도록 하겠습니다.

미국의 심리학자인 폴 멀로이Paul Malloy 씨는 히키코모리가 공포증의 하나이며 항불안제와 행동 요법을 조합함으로써 치료할 수 있다고 했습니다. 문화적 차이에 대해서는, 개인주의 사회인 미국과 집단주의 사회인 일본을 대비시키고 있습니다. 또한, 마찬가지로 임상 심리를 전문으로 하는 몰리 블랭크Molly Blank 박사는 그것이 불안 장애의 일종이며, 종종 등교 거부로 시작하고 성인이 된 후에도 만성적인 사회적 히키코모리로 지속된다고 서술하고 있습니다. 블랭크 박사는 또한 히키코모리가 사춘기 이후에 시작된 경우에는 소아기부터의 사례와 비교해 볼 때 그 후의 경과가 나쁘며, 항불안제 등으로 치료가 가능하지만 완전한 사회 복귀는 바랄 수 없다고 하였습니다. 박사는 그 병리가 '실패에 대한 두려움'과 관련이 있다고 합니다. 복잡하고 힘겨운 경쟁의 장소로 변하고 있는 세계에서 완전히 철수하려는 개인이 증가하는 것은 자연스럽다는 말입니다.

히키코모리에 관한 저서도 있는 영국의 아이작 마크스Isaac Marks 박사는 이런 종류의 문제가 영국에서도 전혀 드물지 않다고 한 후, 그렇기 때문에 이러한 증상이 범사회적 공포 중 하나라고 말합니다. 또한 마크스 박사는 미국에서 그들이 회피성 인격 장애로 진단될 것이라고 했습니다.

대만 출신으로 미국 유학 중인 정신과 의사 로렌스 란Laurence Lan 씨는 이것들이 공포증과 관련되어 있음을 감안한다면 대만에서는 그다지 경험해 보지 못했으며, 또한 그것이 사회 문화적 상황과도 밀접하게 연관되어 있을 가능성을 이야기했습니다. 마찬가지로 대만의 정신과 의사인 린차오청林朝誠 씨도 이러한 사례가 대만에서는 드물다고 했습니다. 더욱이 린 씨는 분리 불안으로 인한 등교 거부는 있지만 장기화된 히키코모리의 경우 사회 공포, 회피성 인격 장애, 분열병질 인격 장애 중 하나를 의심한다고 합니다.

태국의 정신과 의사인 쁘라못 숙카닛ปราโมทย์ สุคนิชย์ 씨는 이러한 문제를 방콕에서는 경험한 적이 없다고 하면서 의미 있는 의문을 제기하고 있습니다. "그들은 생활비를 어떻게 해결하고 있지요?"

프랑스의 정신과 의사인 드니 르구아Denis Leguay 씨는 이러한 사례가 프랑스에는 존재하지 않으며, 일본 문화 및 생활 양식과 관련이 있을 것이라 했습니다. 역시 정신과 의사인 르네 카소René Cassou 씨 또한 그것은 일본적 맥락에서의 사회 공포가 아닐까 보고 있습니다. 그런데 익명의 한 심리학자는 다음과 같이 주목할 만한 의견을 제시했습니다.

— 프랑스에서도 상황은 같다. 사회적 히키코모리는 중학교 1학년 정도부터 볼 수 있다. 그들 대부분은 노숙자가 되기 때문에 과연 얼마나 낳은 사례가 존재하는지는 알 수 없다. 아버지의 권위를 잃은 붕괴 가정이 일반적이다. 정신병자처럼 보이는 그들은 어디에서 왔을까? 그들은 타인에게 의지할 뿐 스스로 움직이려고 하지 않는다. 프랑스에서는 그들에 관한 논문을 본 적이 없다. 우리는 비로소 문제의 시작점에 도착했을 따름이다. —

이러한 견해를 정리하면, 일반적으로 제가 '사회적 히키코모리'

라고 부르는 사례는 '사회 공포' 내지 '회피성 인격 장애' 중 하나로 분류되고 있는 것 같습니다. 그런 점을 전제한다면 확실히 치료의 가능성이 더 많이 보일 것입니다. 저는 이번의 국제 비교를 통해서 '사회적 히키코모리'라는 문제가 개인 병리만으로는 설명할 수 없는 대단히 큰 다양성을 가지고 있다고 생각했습니다. 확실히 사례 속의 개인만을 다룬다면 그것이 '사회 공포'나 '회피성 인격 장애'여서는 안 될 이유는 어디에도 없습니다. 그럼에도 불구하고 진단의 문제만으로는 전부를 논할 수 없는 곳에 이 문제의 특이점이 있는 것처럼 보입니다. 그러한 의미에서도 아까 인용한 프랑스 심리학자의 지적은 중요합니다. 만약 그들이 이러한 중증의 정신 장애를 안고 성인이 되었다면 분명 노숙자가 될 수밖에 없습니다. 본인이 20대, 30대가 되어도 부모가 일할 수 있다면 계속 부양해야만 한다는 것. 그런 가족 관계가 영원히 갈등의 원인이 되는 상황에야말로 일본적인 특이성이 있을지도 모릅니다.

5. '히키코모리 시스템'이라는 관점

'히키코모리'는 '무기력'하지 않다

여기서 '사회적 히키코모리'가 왜 일어나는지 그 메커니즘에 대해 생각해 보고자 합니다. 어떤 사람이 '히키코모리'가 되는 이유는 결코 단순하지 않습니다. 저 자신도 이 물음에 대해 충분히 대답할 수 있다고는 생각하지 않습니다. 그러나 그 이유를 다양하게 추측하고 검토해 나가는 데에는 의미가 있다고 봅니다.

여기서 다시 한번 강조하고 싶은 것은 이른바 '히키코모리' 상태가 반드시 '무기력'을 의미하지는 않는다는 점입니다. 그들이 '아무것도 안 하는 것'처럼 보일지도 모르지만 '무기력'하지는 않습니다. 이 점만은 단정해도 좋을 것입니다.

'무기력의 메커니즘'에 대해서도 저 나름대로 여러 가지로 조사해 보았습니다. 인간이 병에 의해 무기력해지는 사례에는 대략 두 가지 방식이 있습니다. 하나는 병이 진행되어 만성화한 결과 무기

력해져 버리는 것입니다. 예를 들어 조현병이나 우울증 등이 장기
간 이어진 결과 자발성이 전혀 보이지 않게 되는 경우가 종종 있
습니다. 다만 저 자신은 초진부터 진찰했던 환자가 점차 무기력해
져 가는 사례를 거의 경험한 적이 없습니다. 이러한 사례는 정신
병원에 장기간 입원한 환자에게서 많이 볼 수 있는데, 오랜 기간
사회로부터 고립된 생활 환경이나 일부는 약물의 부작용일 가능
성도 있다고 하며, 저 자신도 그럴 가능성이 높지 않을까 생각합
니다. 말하자면 이러한 무기력은 인공적인 산물이지, 질병으로 인
한 자연스러운 경과가 아닐 가능성이 있습니다. 이외에 치매나 뇌
손상 등으로도 무기력 상태에 빠지는 것으로 알려져 있으며 특히
머리에 외상을 입은 후유증으로 나타나는 인격 변화가 최근 문제
시되고 있습니다. 병적인 무기력 상태는 이러한 인격 변화의 일부
로 생겨납니다.

　그런데 또 하나의 무기력 상태로 '학습된 무기력'이 있습니다.
이것은 물론 정신병도 아니고 뇌에 장애가 있는 것도 아닌, 심리
적인 원인으로 생긴 무기력 상태를 가리킵니다. 실험 심리학의 관
점에서는 일찍부터 무기력의 메커니즘에 대한 이론이 세워졌습
니다. 예를 들면 이런 실험이 있습니다. 우리 속의 개에게 아무런
예고도 없이 전기 충격을 반복합니다. 개는 처음에 싫어해서 짖거
나 몸부림을 치는 등의 반응을 보이지만, 점차 '무기력'해져서 반
응을 보이지 않게 됩니다. 즉, 불편한 자극이 반복되고 있음에도
불구하고 스스로 그것을 제어할 수 없음을 배웠을 때 무기력화가
일어나는 것입니다. 이러한 무기력화는 같은 실험을 통해서 인간

에게도 마찬가지로 일어난다는 사실이 확인되었습니다.

그러나 이와 같은 무기력 상태로 과연 사회적 히키코모리의 메커니즘을 설명할 수 있을까요? 실제로 그런 관점에서 '히키코모리'나 '무기력'을 설명하는 책도 있습니다. 그러나 제게는 그것이 하나의 모델로서는 너무 단순하다고 생각됩니다. 오히려 이러한 무기력화는 다양한 '무기력'의 극히 일부만을 설명할 수 있을 것입니다. 우리는 분명 쓸모없는 노력을 좋아하지 않습니다. 하지만 우리가 언제나 목적을 가지고 행동을 한다고 할 수 있을까요? 예를 들어서 조금 노력하면 좋은 결과가 나온다는 것을 알면서도 무심코 땡땡이치는 행동은 '학습된 무기력'으로는 설명할 수 없습니다. 우리는 '알고 있는데도 그것을 저지를(혹은 하지 않을)' 정도로 비합리성을 품고 있는 존재입니다. '히키코모리' 사례에 대해서도 마찬가지라 할 수 있습니다. 그들은 '해도 소용이 없으니 움직이지 않는' 것이 아닙니다. 오히려 그들은 '움직이는 게 당연히 낫기' 때문에 꼼짝을 할 수 없는 것입니다. 이러한 상태를 단순히 '무기력'이라고 표현하는 일에 저는 찬성할 수 없습니다.

단순한 개인의 병리로 파악할 수 없는 것

조금 전에 언급했던 스튜던트 애퍼시에 대해서는 가사하라 요미시 씨의 고찰을 비롯해서 다양한 검토가 이루어지고 있습니다. 이는 히키코모리의 일부에 해당되기도 하므로 여기서 다루어 보겠습니다. 참고로, 스튜던트 애퍼시는 '학생 무기력증'으로 (일본어로) 번역되어 있습니다. 그 모습이 단순히 무기력한 것만은 아님을 아까 논했는데, 여기서는 본업에 의욕을 보이지 않는다는 정도의 의미로 다루도록 하겠습니다. 이나무라 히로시 씨도 히키코모리라는 단어를 사용하지 않고 종종 '애퍼시'라는 말을 사용했음을 부기해 두겠습니다.

스튜던트 애퍼시를 처음으로 보고한 월터즈는 애퍼시의 원인으로 '남성 성동일성男性性同一性Male Gender Identity'의 형성 장애, 즉 '남자다움'에 실패하고 지는 것을 싫어해서 미리 경쟁에서 내려가 버린다는 방어적 심리를 제시했습니다. 또한 가사하라 요미시 씨는 이에 더해 경계성 인격 장애와도 통하는 측면으로 공허감 Anhedonia이나 분할(Splitting, 사람이나 물건에 대한 극단적인 견해나 태도) 등이 있음을 지적했습니다.

또한 '히키코모리'를 '사회 공포'나 '회피성 인격 장애'의 일종이라고 생각하는 입장에서는 보다 명쾌하게 설명할 수 있습니다. 즉, 전자는 공포증의 하나이며 후자는 그 환자의 일생을 통한 행동 경향이라고 이해할 수 있습니다. 이러한 사고방식은 분명 일부 히키코모리 사례에 적용됩니다. 그 점에서는 히키코모리의 정신 병리를 어떠한 외상 체험이나 발달상의 문제로 설명할 수도 있을 것입니다.

히키코모리를 이해하는 데에는 이러한 정신분석적인 이해 방식도 부분적으로는 가능합니다. 하지만 그것이 정신분석으로 히키코모리를 치료할 수 있다는 의미는 아닙니다. 치료 의욕이 불안정한 사회적 히키코모리 사례를 정신분석하는 일은 어렵기 때문입니다. 또한 사회적 히키코모리의 문제는 개인의 병리를 분석하는 입장에서는 그 전체상을 이해하기가 어렵습니다. 거기에는 가족이나 사회의 병리가 깊이 얽혀 있기 때문에 기본적으로 개인을 대상으로 하는 정신분석이 이러한 병리를 전부 다룰 수 없음은 당연한 일입니다.

히키코모리 문제의 특이성을 개인적인 병리로 파악하려는 이상 그저 표면적인 이해와 대책에 그칠 것입니다. 아니, 그보다 히키코모리를 개인의 문제로만 생각한다면 우리 자신 또한 "본인이 오지 않으면 치료를 할 수 없다"라는 정당한 태도 속에 틀어박힐 수밖에 없게 됩니다. '히키코모리 문제'는 비록 그 시작이 개인 병리라 할지라도 시간이 흐르면서 반드시 가족을 끌어들입니다. 그리고 이로 인해 사태가 더욱 복잡해져서 병리성이 깊어집니다. 나아가 히키코모리에는 일본의 사회적 병리성이 반영됩니다.

국제 비교에서도 언급했듯이, 히키코모리 사례는 결코 일본에만 있는 것이 아닙니다. 그러나 일본의 히키코모리 사례는 매우 독특한 경과를 따라갑니다. 이 경과의 특수성에 일본의 문화적, 사회적 상황이 반영되는 것입니다. 따라서 '사회적 히키코모리'의 문제는 환자 개인의 병리라는 문제를 넘어 사회 정신의학이나 공중위생학과 같은 영역에서도 중시되어야 합니다. 그곳에서는 개인의 정신 요법뿐만 아니라 다양한 사례 연구나 가족을 통한 치료적 개입 등이 큰 의미를 가집니다. 제가 이 책에서 대책으로 언급하는 것도 '어떻게 본인을 치료하는가'보다는 '어떻게 효과적으로 치료적 개입을 할 것인가'라는 점에 비중을 두고 있습니다.

대인 관계에서의 악순환

앞서 잠시 언급했듯이 히키코모리 사례에서는 틀어박히는 행동 그 자체가 외상 체험으로 작용합니다. 즉, 히키코모리의 기간이 길고 그 정도가 무거울수록 한층 더 히키코모리 상태가 강화된다는 악순환이 일어날 수 있습니다. 일반적으로 신체의 질병이라면 발병과 함께 면역 반응 등의 다양한 자연 치유력이 반작용적으로 일어나면서 병이 쾌유로 향합니다. 그러나 히키코모리의 경우는 히키코모리인 것 자체가 한층 그 상태를 강화하고 안정화되어 버리도록 작용합니다. 이것은 왜일까요?

그 이유 중 하나는 '사회적 히키코모리'의 원인이 여러 가지라는 점을 들 수 있습니다. 고베 대학 명예 교수 나카이 히사오中井久夫 씨의 지적에 따르면, 단순한 심리적 원인만으로 일어난 정신 질환은 일반적으로 단순한 경과를 따라 개선되는 경우가 많습니다. 반대로 경과가 길고 복잡한 질환에서는 원인이 하나뿐인 경우가 별로 없고 다양한 요인이 복합적으로 얽혀서 치료를 위한 노력을 방해하는 경우가 많다고 합니다. 예를 들어 '왕따' 피해의 외상 체험이 장기화되기 쉬운 것은 '왕따'가 보통 장기간에 걸쳐 있어서 매우 복잡한 외상 체험으로 발전하기 때문이라고 생각됩니다. 사회적 히키코모리에 이르는 원인의 연쇄 또한 결코 단순하지는 않을 것입니다. 나중에 언급하겠지만 거기에서는 원인-결과라는 도식조차 무효가 되고 마는, 완전히 뒤엉킨 상황을 볼 수 있습니다. 그러나 단지 복잡하게 엉켜 있어서 악순환이 일어난다고 한다면 사태가 그다지 명확해지지 않습니다. 좀 더 알기 쉽게 도식적으로 정리해 보도록 하겠습니다.

사회적 히키코모리 문제는 잘 생각해 보면 대인 관계의 문제로 볼 수 있습니다. 이들의 여러 원인을 대인 관계와 관련하여 세 가지 영역으로 나누어 생각해 보겠습니다. 세 가지 영역이란 바로 ① 개인, ② 가족, ③ 사회입니다.

저는 히키코모리 상태에 있는 사람이 이 모든 영역에서 어떤 종류의 악순환에 빠져 있기 때문에 장기화되고 마는 것이 아닐까 생각합니다. 이러한 악순환은 대부분의 정신 장애에서 일어날 수 있습니다. 히키코모리는 이 세 영역이 서로 무척 폐쇄적이 되기 쉽다는 점이 특징적입니다.

다른 정신 장애에서는 개인 차원에서 악순환이 생겨도 가족의 도움으로 그것을 해소할 수 있는 경우가 있습니다. 또한, 가족 관계가 좋지 않아 이러한 악순환을 해결하기 어려운 경우에도 개인이 직접 사회와 접하거나 가족 이외의 대인 관계에서 문제를 해결할 수도 있습니다. 일시적인 입원을 통해서 가족으로부터 멀어진 환자 개인이 충분한 치료를 받고 회복하는 경우도 적지 않습니다. 그런데 히키코모리의 사례에서는 입원 치료를 해도 퇴원 후에 가족의 대응이 적절하지 않으면 금세 원래대로 돌아가는 경우도 많습니다.

히키코모리 사례는 대개 '개인과 가족', '개인과 사회' 등의 회로가 완전히 막혀 있습니다. 따라서 우선적으로 가족의 협력에 의지해야 합니다. 실제로 상황을 잘 이해하고 있는 가족이 적절하게 대응함으로써 회복되는 사례도 많습니다. 그러나 대부분의 경우는 가족과의 사이에도 악순환이 있기 때문에 사태는 더욱 악화되고 맙니다.

난처하게도 이러한 악순환은 마치 하나의 독립적인 시스템처럼 꼬이면 꼬일수록 안정되어 갑니다. 그리고 일단 시스템이 안정되고 작동을 시작하면 약간의 치료 노력으로는 이러한 순환을 멈추기 어려워집니다.

저는 이 악순환을 '히키코모리 시스템'이라고 가칭하고 이 시스템을 어떻게 해소할지를 치료상의 기본 지침으로 삼고 있습니다. 물론 이 생각은 일종의 가설에 지나지 않으며, 히키코모리의 원인을 이렇게까지 단순화하는 것도 지나친 일일지 모릅니다. 그러나 저는 이러한 시스템적인 발상이 그야말로 단순하고 소박하기 때문에 의의를 가진다고 생각합니다. 적어도 이 모델에 따라 히키코모리의 다양한 상황을 쉽게 설명하거나 치료 계획을 용이하게 수립할 효용성을 기대할 수 있을 것입니다.

개인, 가족, 사회의 세 가지 시스템

이제 제가 생각하는 '건강한 시스템'과 '히키코모리 시스템'을 그림 1로 설명하겠습니다. '건강한 시스템'에서 세 개의 시스템은 접점을 가지고 작용합니다. 여기서 접점이라는 것은 '의사소통'과 비슷한 의미입니다. 개인은 가족과 일상 속에서 소통하고 서로에게 영향을 주면서 생활해 갑니다. 또한 개인은 학교나 회사 같은 장소에서 사회와 소통하고 영향을 받습니다. 가족 또한 각각의 생활이나 지역에서 다양한 활동을 하면서 사회와의 의사소통 회로 속에서 서로 영향을 주고받게 됩니다. 물론 이것은 이상화된 모델이기 때문에 현실에서는 그만큼 의사소통이 잘 되지 않는 경우도 있을 것입니다. 그러나 대부분의 경우 여기에 나타낸 '접점', 즉 의사소통 창구가 완전히 없어지지는 않습니다.

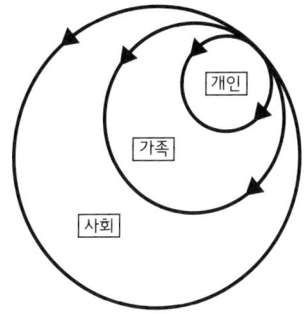

[정상적인 시스템]
원은 시스템의 경계이며, 경계의 접점에서 시스템이 교차하고 있다. 즉, 세 개의 시스템은 서로 접하고 연동되며 또한 스스로의 경계도 유지하고 있다.

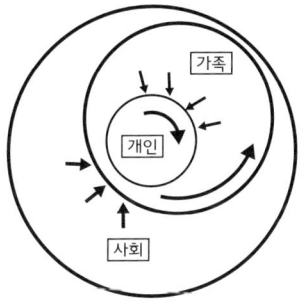

[히키코모리 시스템]
시스템은 서로 교차하지 않고 연동되지도 않는다. 시스템 간에 힘은 작동하지만, 힘을 받은 시스템 내부에서 힘은 스트레스로 바뀌고 스트레스가 악순환을 조장한다.

[그림 1] 히키코모리 시스템 모식도

그러나 '히키코모리 시스템'에서는 이러한 접점이 서로 괴리되어 기능하지 않게 됩니다.

"그럴 리 없다. 실제로 히키코모리 본인은 가족과 자주 대화하고, 가족도 직장이나 학교 등에서 사회와의 접점을 충분히 가지고 있기 때문에 부족한 것은 어디까지나 본인과 사회의 접점만이 아닌가." 이와 같은 의견도 있을 것입니다. 그러나 '접점'이라고 불리는 장소에서 정말로 의사소통이 이루어지고 있을까요? 특히 본인과 가족 사이의 의사소통이 충분히 이루어지는 것은 그 자체가 정말로 어려운 일입니다.

애초에 의사소통이 이루어진다고 하려면 그것이 일방적이어서는 안 됩니다. 거기에는 '상호성'이 필수적입니다. 본인이 가족의 말에 귀를 기울이지 않고 자신의 고민만을 끝없이 호소하는 상태에서는 도저히 충분한 의사소통이 이루어진다고 할 수 없습니다. 이 점은 의외로 간과되기 쉽습니다. '단순한 대화'와 '의사소통'은 여기서는 별개라고 생각해야 합니다.

그렇다면 각 영역마다 이 '히키코모리 시스템'이 어떻게 작동하는지 살펴보도록 하겠습니다.

타인의 개입을 받아들이지 못한다

우선 개인의 '히키코모리 시스템'에 대해 생각해 보겠습니다.

지금까지 다루었듯이 사회적 히키코모리 상태에 있는 사람은 대개 강한 갈등을 느끼고 있습니다. 이러한 갈등이 여러 정신 증상으로 이어지기 쉽다는 점도 지금까지 논했습니다. 먼저 이러한 증상이 악순환을 만듭니다. 대인 공포나 강박증, 피해 염려 등은 사회 참여의 벽을 더욱 두껍게 만듭니다. 게다가 이러한 증상 대부분은 사회 참여나 치료가 없으면 개선되지 않습니다. 점차 악화되는 증상을 안고 있으면서 한층 더 깊이 틀어박힐 수밖에 없다는 점에 히키코모리 사례의 첫 번째 불행이 있습니다.

또한, 자신이 히키코모리 상태에 있다는 사실은 앞서 언급했듯이 그 자체로도 마음의 상처가 됩니다. 신체적으로도 밤낮이 뒤바뀐 생활 등으로 잠을 잘 못 자게 되고 이는 밤낮이 바뀌는 데 더욱 박차를 가합니다. 이러한 점에서 히키코모리 상태는 의존 상태와 비슷하게 작용합니다. 의존 상태에서도 마찬가지로 다양한 악순환이 체계적으로 작동함으로써 병리를 악화시켜 버리기 때문입니다. 예를 들어 알코올 중독 환자는 음주에 대한 죄책감이 매우 강합니다. 그리고 죄책감이 강함에도 불구하고, 정확히 말하자면 죄책감이 강하기 때문에 음주 행동을 반복하게 됩니다. 『어린 왕자』에 나오는 술꾼의 별나라 이야기를 생각해 봅시다. 왜 술을 마시는지 왕자가 묻자 술꾼은 "부끄러워서 마시는 거야"라고 대답합니다. 무엇이 그렇게 부끄럽냐는 질문에 대한 대답은 이랬습니다. "술을 마시는 것이 부끄럽다." 이렇게 병적인 행동이 새로운 갈등으로 이어지고 또 그것이 행동을 한층 강화하고 마는 과정이 바로 의존 행동의 특징입니다. 또 히키코모리 상태에도 그런 악순환의 구도를 볼 수 있습니다. 즉, 히키코모리라는 '부정적인 행동'을 함으로써 자기혐오가 한층 더 깊어지고, 그러한 자기혐오가 더욱 깊은 히키코모리 상태로 이어지는 것입니다.

보통이라면 가족이나 타인과의 관계가 이러한 악순환을 멈춥니다. 현대에는 알코올 등의 중독 환자가 자신의 힘으로만 회복하려는 노력이 거의 무의미하다고 여겨지고 있습니다. 그것은 "신발

끈을 당겨 자기 몸을 들어 올리려는" 노력으로 비유되기도 합니다(G. 베이트슨Bateson). 중독 환자를 치료하는 데 있어 가장 일반적인 코스는 가족의 지도와 자조 그룹에 참가하는 것입니다. 즉, 가족 및 타인과의 관계입니다. 악순환의 근원이 자기 자신에게 있다면 타인의 개입을 받아들이면서 '치료'를 진행하는 것이 꼭 필요하다는 '상식'은 사회적 히키코모리 사례의 치료에도 적용할 수 있을 것입니다. 그들이 히키코모리 상태를 벗어나지 못하는 것은 우선 이러한 '타인의 개입'을 무엇보다도 싫어하기 때문이기도 합니다. 반대로 말하자면, 타인과의 관계를 받아들이기로 결심한 사례는 거의 예외 없이 사회로 복귀할 수 있게 됩니다. 이 임상적 사실에서 보아도 이 문제가 개인 병리의 관점만으로는 도저히 대응할 수 없음을 알 수 있습니다.

즉, 발단이 된 개인 병리가 다양해도 그것이 심인성의 문제인 이상 일단 장기적인 사회적 히키코모리 상태를 거치면 매우 비슷한 상태나 경과를 따라갑니다. 이러한 상황에서는 첫 번째 증상이나 진단명을 계속 고집하는 것이 상책이라고는 할 수 없습니다. 오히려 시스템으로서의 '사회적 히키코모리'라는 현상에 주목하고 거기에 초점을 맞춘 치료와 지원이 필요합니다.

의사소통의 결여

다음으로 '가족 시스템'을 살펴보겠습니다(그림 2). 히키코모리 사례를 안고 있는 가족도 일종의 악순환 속에 처해 있습니다. 본인이 방에 틀어박히기 시작하고 그것이 장기화되면 가족들도 불안이나 초조함이 강해집니다. 불안을 안고 있는 가족은 본인을 다양하게 자극해서 어떻게든 움직이게 하려고 합니다. 그것은 종종 정론正論을 늘어놓는 설교이거나 단순한 격려가 됩니다. 그러나 이러한 자극은 본인에게 압력이나 스트레스를 줄 뿐, 활동을 시작하는 계기가 되지는 않습니다. 오히려 자극이 가해지면 가해질수록 한층 더 히키코모리가 깊어집니다. 그리고 가족은 더욱 불안과 초조함에 사로잡혀 의미가 없음을 알면서도 자극을 반복하게 됩니다.

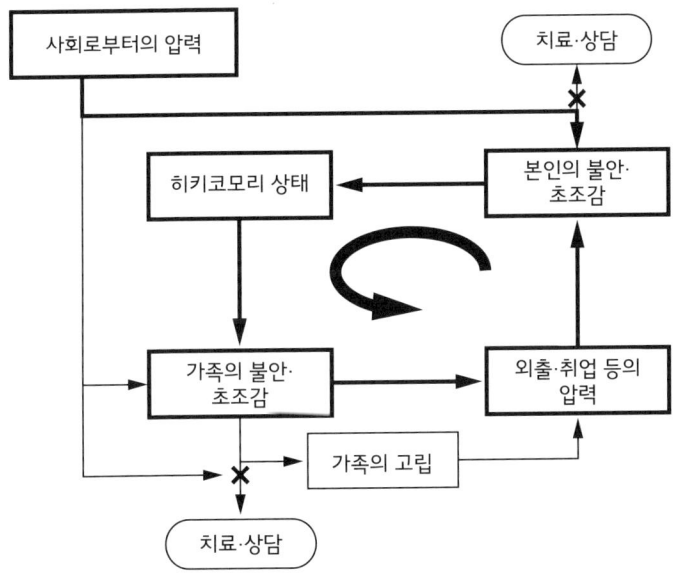

[그림 2] 사회적 히키코모리의 악순환 모식도

아시다시피 이 악순환을 만들어 낸 것도 '의사소통의 결여'입니다. 가족의 일방적인 자극은 말 그대로 일방적이기 때문에 의사소통이 되지는 않습니다. 가족의 말은 본인에게 전혀 닿지 않고 단지 가족의 불안이나 불만, 초조감만이 본인을 궁지로 몰아가는 것입니다.

분명 히키코모리라는 행동에도 어떠한 메시지가 담겨 있습니다. 초기 단계에서 그 메시지를 제대로 수신할 수 있다면 그것만으로도 개선으로 나아갈 수 있습니다. 또한 장기화된 경우에도 본인의 마음을 공감하면서 이해할 수 있다면 이러한 악순환은 막을 수 있을 것입니다. 메시지를 받는 것, 공감과 함께 이해하는 것, 이러한 행동은 가족 간에 깊은 의사소통이 있어야 비로소 가능해집니다. 그리고 이러한 깊은 의사소통만이 가족 사이의 악순환을 막을 힘을 가지고 있습니다.

가족 시스템과 사회 시스템의 괴리

그렇다면 '사회 시스템'은 어떨까요? '히키코모리 시스템'에서는 세 개의 시스템 모두가 괴리되어 있다고 했습니다. 그러나 적어도 가족은 일(어떠한 직업) 등을 통해 사회와의 접점이 있지 않나 하는 이의도 제기해 볼 수 있습니다.

여기서 약간 주석을 달아 두자면, 제가 세 가지 시스템 간의 괴리를 강조하는 이유는 '히키코모리' 문제에서 접점이 사라지고 있기 때문입니다. 겉으로는 사회생활을 영위하고 있는 가족이라도 우리 아이의 히키코모리 상태에 대해서는 태도를 닫아걸기 쉽습니다. 즉, 체면 때문에 숨기려고 하거나 누구와도 상담하지 않고 몰래 해결해 버리려는 자세가 보입니다. 이렇게 '떠맡으려는' 자세가 그만 사춘기 문제의 해결을 명백하게 지연시키는 경우는 드물지 않습니다. 그리고 저는 가족과 사회 시스템의 괴리로서 바로 이 '떠맡기'의 문제를 강조하고자 합니다.

이렇게 떠맡는 바람에 '가족 시스템'과 '사회 시스템'은 괴리되고 맙니다. 괴리될 뿐만 아니라 종종 그곳에는 가족 내에서 일어나고 있던 악순환과 다름없는 것이 생깁니다. 즉, '세간'의 압력에 가족이 한층 더 고립되고 그야말로 '체면' 때문에 치료나 상담을 접할 기회도 사라져 버리지요. 이것이 '떠맡기'를 더욱 강화합니다. 그런 의미에서, 가족 또한 사회 속에서 히키코모리 상태에 있다고 해도 과언이 아닙니다. 그리고 저는 바로 이와 같은 '부모가 사례를 떠맡아 버림'이라는 상태에 가장 일본적인 특성이 나타나고 있다고 생각합니다. 가족 모두가 철저하게 사회를 기피하는 '미국형' 히키코모리가 아니라 사회와의 관계를 원함에도 불구하고, 혹은 진정 원하기 때문에 떠맡을 수밖에 없다는 것. 이러한 구도가 장기화된 갈등을 초래하는 구조로서의 '히키코모리 시스템'을 강화해 나가는 것입니다.

그렇다면 이러한 '히키코모리 시스템'을 어떻게 하면 건전하게 기능하도록 만들 수 있을까요? 그에 대해서는 이어지는 '실천 편'에서 자세히 살펴보도록 하겠습니다.

제2부

'사회적 히키코모리'와 어떻게 마주할 것인가

— 실천 편 —

1. 정론·설교·논의의 극복

'그곳에 있다'라는 것을 인정하기

히키코모리 상태에 있는 사람과 제대로 마주하기란 대단히 어렵습니다. 왜냐하면 우리에게는 기본적으로 "일하지 않으면 먹지도 말라"라는 가치관이 뼛속 깊이 스며들어 있기 때문입니다. 그때문에 우리는 늘 사회적 히키코모리를 '부인'하고 맙니다. 즉, 바로 거기에 있음에도 불구하고 아무것도 없는 것처럼 행동합니다. 그 결과 중의 하나가 그들을 '꾸짖음으로써 격려'하는 일입니다.

이미 10년 이상 그늘과 어울려 온 저조차 종종 '설교'나 '논의'의 유혹에 넘어가 버립니다. 오히려 때로는 "어리광 부리고 있다"라든지 "게으르다", "권리를 주장하면서 책임을 회피한다", "부모님께 책임을 전가한다"와 같이 어디선가 들어 본 적 있는 스테레오타입과 같은 말들이 머리를 스치기도 합니다.

히키코모리 사례와 마주하기 위해서는 먼저 이러한 사회적 통

넘, 바꿔 말하자면 '히키코모리를 부인하고 싶은 충동'과 싸워야
만 합니다. 이를 위해서는 어찌 되었든 '사회적 히키코모리'라는
상태가 바로 그곳에 있다는 사실을 인정하는 것이 중요합니다.
즉, 그들에게 '사람으로서 잘못 살고 있다'라고 봐서는 안 됩니다.
오히려 그들이 어떤 식으로든 도움과 보호가 필요하다는 관점을
받아들여야 합니다. 설교나 논의, 때로는 폭력 등으로 그것을 '부
인'하는 방법은 실패할 가능성이 대단히 높다는 것을 여기에서 다
시 한번 강조하고자 합니다.

노력과 격려의 한계

히키코모리 상태가 수년 이상 이어져 만성화된 경우 가족의 충
분한 보호와 전문가의 치료 없이는 나아질 수 없습니다(※이 점에
대해서 현재는 약간 다르게 생각하고 있습니다. 자세한 내용은 '개정
판 머리말'을 참고하시기 바랍니다). 이에 관해 저는 단언하고자 합
니다. 먼저 그러한 도움 없이 개선된 사례를 저는 지금까지 들어
본 적이 없습니다. 둘째로 제 진료 사례에서도 깊은 치료적 관여
없이 나은 사례는 전혀 없습니다. 그뿐만이 아닙니다. 저는 무엇
보다 가족이 히키코모리 상태를 포용하려는 태도를 경계합니다.
포용하지 않기 위해 저는 굳이 도발적으로 "만성화한 히키코모리
는 본인 혼자의 노력이나 가족의 질타와 격려만으로는 결코 나아
지지 않는다"라고 이만큼 강조하고 있습니다. 장기화된 히키코모
리 상태에서는 이러한 개인이나 가족 시스템 내부의 노력만으로
는 어떻게 한들 한계가 있기 때문입니다.

물론 '히키코모리'의 극초기 단계에서는 노력을 통해 나아질 가능성이 전혀 없다고 할 수 없습니다. 다만 어느 시기이든 부모의 권위를 빌려 일방적으로 억누르는 일, 과도하게 감정적인 태도를 취하는 일, 본인의 의견을 막아 버리는 일, 반쯤 폭력적으로 따르게 하는 일들은 당연히 논외입니다. 이러한 방법은 단순한 트라우마 체험일 뿐입니다. 이런 식으로 순간 '돌아왔다'라고 보여도 그것은 문제를 뒤로 미룬 것에 지나지 않으며, '재발'은 시간문제입니다.

일방적인 수용의 폐해

노력과 격려가 효과를 보이지 않는다는 선언을 들었으니, 그러면 그냥 다 받아들여야 하는가 싶은 생각이 들겠지요. 그러나 이 또한 극단적인 이야기일 뿐입니다. 받아들이는 것을 기본적인 자세로 삼지 않으면 치료가 되지 않는 것은 당연하지만, '받아들이기 위해서는 그 틀이 필요하다'라는 점은 종종 망각되는 상식입니다. 상대방을 소유하려는 생각이 아니라면, 상대방의 모든 것을 받아들이려는 사람은 자신이 만능이라는 점에 취해 있을 뿐입니다. 치료를 할 경우에도 받아들이는 것의 한계를 어떻게 정할지는 대단히 중요한 테마입니다.

저는 '일방적인 수용'이 일방적인 설교와 마찬가지로 해롭다고 생각합니다. 둘 다 충분한 의사소통이 이루어지지 않기 때문입니다. 상대가 이해하기 힘든 행동을 저지르고 그 때문에 주위 사람들이 곤혹스러워하는 상황이 일어났을 때, 우리들은 먼저 그 상대와의 대화를 통해 이해와 공감을 시도할 것입니다. 이것은 '치료' 라기보다는 오히려 '상식'입니다. 모든 '히키코모리' 사례가 처음 부터 이해와 보호의 손길만을 기다리고 있는 것은 아닙니다. 부모 가 필사적으로 설득하여 사회에 참여하게 되는 사례도 전혀 없다 고 할 수는 없습니다. 그러한 방법이 언제나 해롭고 신뢰 관계를 무너뜨린다고도 할 수 없습니다. 무엇보다도 사회로 돌아가기를 가장 갈망하는 것은 당사자들이기 때문입니다.

내 아이가 사회를 피하고 히키코모리가 되어 버렸다면 먼저 그 이유를 물어보도록 합시다. 그리고 적어도 한 번은 차분하게 설득 을 시도해 보았으면 합니다. 그렇게 함으로써 과연 본인이 어떤 것을 고민하고 있었는지 그제서야 밝혀질 수도 있습니다. 대등한 입장에서 서로의 의견을 말하는 것은, 비록 반발을 사더라도 좋은 의사소통의 계기가 될 것입니다.

트라우마 체험과 회복

저는 종종 '히키코모리'의 치료를 성숙의 문제와 연결 짓습니 다. 그러나 '성숙이란 무엇인가'를 다시 물어본다면 이는 또 대단 히 어려운 문제가 됩니다. 정신의학, 특히 정신분석 분야에서 '성 숙'은 커다란 테마입니다. 그러나 이 책에서는 극히 실용적인 관 점에서 성숙에 대해 매우 간단하게만 말해 두고자 합니다. '사회 적인 존재로서의 자신의 자리에 대해 안정적인 이미지를 획득하 고, 타자와의 만남에서 과도하게 상처받지 않는 사람'. 물론 이는 잠정적이지만, 대개 저는 환자가 최종적으로 이렇게 되었으면 하는 이상을 가지고 치료에 임하고 있습니다.

그렇다면 '성숙'은 어떻게 가능할까요? 저는 그것이 '트라우마에 대한 면역을 획득'하는 과정이 아닐까 생각합니다. '마음을 다쳤다가 그로부터 회복'하는 것은 '감염되었다가 회복'하는 것과 비슷합니다. 즉, 나중에 '면역'과 비슷한 변화가 남습니다. 당연히 그 누구든 되도록 감염증에 걸리고 싶지 않겠지만, 어느 정도 잡균에 노출되거나 때로는 가벼운 감염증 등을 경험하지 않으면 세균에 대한 면역 기능이 발달하지 않습니다. 여기에서 두 가지 중요한 점은 어떠한 형태로든 감염을 경험하는 일, 그리고 그 감염에서 확실하게 회복하는 일입니다. 면역과 트라우마가 닮은 것은 그것이 타인과의 만남을 통해 생기기 때문입니다. 물론 타인과의 만남이 모두 트라우마가 되는 것은 아닙니다. 그러나 진정한 의미에서 중요한 타인과의 만남은 어딘가 필연적으로 트라우마적인 성질을 띠게 되고 마는 것은 아닐까요? 그것은 폭력적인 타인일지도 모르고, '죽음'이나 '상실'과 같은 추상적인 타자일지도 모릅니다. 또는 사람을 매료시키고 나서 그대로 내버려 두는 타자일 수도 있습니다. 이처럼 예측을 넘어 통제할 수 없는 존재로서의 타자를 어떻게 받아들이고 극복해 나가야 할까요?

사람은 '성숙'해 갈 때 좋든 싫든 트라우마를 체험합니다. 다만 그것만으로는 충분하지 않습니다. 또 하나 중요한 것은, 트라우마를 체험한 사람은 그로부터 회복할 충분한 기회를 얻을 권리가 있다는 점입니다. '성숙'의 과정에서 이 '트라우마 체험과 회복'이라는 세트는 빼놓을 수 없습니다. 그리고 이 세트를 가능케 하는 것이 바로 '타자와의 만남'입니다. 그저 상처를 입을 뿐이라면 트라우마적이며 무서운 타자의 이미지밖에 남지 않습니다. 그러나 타자의 지지로 회복을 경험하면 "그저 무서운 것만은 아니었다"라는, 보다 정확한 타자 이미지를 얻을 수 있습니다. 그러한 의미에서 '외상에 대한 면역 획득'이란 '유효한 타자의 이미지'를 학습하는 과정이기도 합니다.

히키코모리에게 결여된 타자와의 만남

일반적으로 히키코모리 상태에 있는 청년들은 상처 입는 것을 매우 두려워합니다. 사려 깊지 못한 말 한 마디로 자신의 존재 자체가 부정될 수도 있음을 잘 알고 있기 때문입니다. 물론 그들의 두려움은 충분히 존중되어야만 합니다. 그러나 히키코모리 상태로 남아 있는 한 정신적으로 성장하지 못하는 것 또한 하나의 현실입니다. 그 이유는 이미 알고 있을 것입니다. 히키코모리의 생활에는 더 이상 타자와의 만남도 없고, 따라서 실재적인 트라우마도, 그로부터의 회복도 전혀 있을 수 없기 때문입니다. 바꾸어 말하자면 그들에게 타자의 이미지는 단순히 트라우마를 가져올 뿐인, 박해를 가하는 이미지에 머물러 있습니다.

그렇다면 가족은 타자가 아닐까요? 지당한 의문이겠지만, 굳이 말하자면 바로 그렇습니다. 히키코모리 사례에서 가족은 더 이상 타자가 아닙니다. 그들에게 가족이란 마치 자기 신체의 일부 같은 것으로 여겨집니다. 가정 폭력이 벌어질 수 있는 것은 가족을 마치 자신의 일부처럼 취급하기 때문입니다. 제가 의사소통의 회복을 강조하는 것은 바로 가족의 타자성을 회복하기 위해서입니다. 혼잣말이 의사소통이 아닌 것처럼, 마치 자신의 일부와도 같은 가족과의 소통은 의사소통과는 거리가 멉니다. 설사 부모라고 해도 자율적인 판단과 행동의 권리를 가진 개인이라는 인식을 먼저 지님으로써 비로소 의사소통의 가능성이 열립니다.

앞서 말했듯이 타자와의 만남이 없는 '히키코모리' 상태에서 실재적인 트라우마는 존재하기 어렵습니다. 그러나 그들은 현실에 상처받고 있으며 또한 "자신이 심한 상처를 입어 왔다"라는 이미지에 몰두하고 있습니다. 특히 숨겨진 트라우마 체험으로서의 '왕따'에 대해서는 휴양과 동시에 주위로부터의 전면적인 이해와 심리적 지지가 필수적입니다. '왕따'가 심각한 트라우마 체험으로서 수십 년이 지난 후에도 치유되기 어려운 것은 거기에서 회복하기 위한 길이 막혀 있기 때문입니다. '히키코모리' 초기에 휴양을 하는 의의는 여기에 있습니다. 그들이 틀어박히는 이유를 이해하는 동시에 트라우마로부터 회복하기 위해 충분한 휴양의 기회를 주는 것. 그렇게 함으로써 일부 사례는 자신의 힘으로 다시 일어설 수 있었습니다.

그러나 장기적인 히키코모리 사례에서는 이야기가 달라집니다. 장기화되면 될수록 그것은 마치 스스로가 스스로를 상처 입히는 행위에 가까워집니다. 히키코모리를 방치하면 안 되는 이유가 바로 여기에 있습니다. 자해 행위의 악순환(='히키코모리 시스템')으로부터 벗어나기 위해서는 타자의 개입을 빼놓을 수 없기 때문입니다. 따라서 장기 히키코모리 사례의 치료에서 중요한 것은

"'타자의 개입'을 어떻게 효과적으로 실행할까"입니다.

왜 치료가 필요한가

그렇다면 모든 '사회적 히키코모리'는 본인의 의향과는 무관하게 치료되어야 할까요? 한때 저는 사회학자 파슨스Talcott Parsons의 '병자 역할Sick Role' 등의 개념을 원용하면서 '치료되어야 한다'라고 생각했습니다. 그러나 히키코모리가 진단이 아니라고 말하면서 치료의 필요성을 말하는 것은 명백한 모순입니다. 그렇다면 '치료가 필요하지 않다'가 맞는 것일까요? 이것도 이것대로 극단적인 이야기로, 제가 지금까지 해 온 실천과 모순을 일으키고 맙니다. 지금의 제 견해는 히키코모리를 지원할 때 치료 또한 유효한 지원 수단의 하나라는 것입니다. 치료의 유효성을 고려하면서 그 이외의 지원 가능성을 타진해 보아야 한다는 생각을 가지게 되었던 것이죠. 그렇다면 가족은 어떻게 해야 하는가? 본인이 치료를 거부하는 경우라도 부모는 치료를 위한 환경을 갖추면서 본인을 치료로 유도할 권리가 있습니다. 그 근거로서 치료 상담은 시작이 빠를수록 좋다는, 실제적인 이유를 먼저 들 수 있겠습니다. 본인을 병원에 데려가야 할지 고민을 거듭하는 사이에도 시간은 순식간에 허비되고 맙니다. 시간이 지나면 지날수록 히키코모리 상태는 악화되어 버리고, 결국은 억지로 병원에서 진찰을 받게 되었다는 사례도 적지 않습니다. 이러한 주저와 망설임은 분명히 무의미하며 심지어 해로울 수 있습니다. 본인이 어찌 되었든 부모만이라도 망설이지 않고 치료를 시작해 본인에게 나아가는 것. 이

한 걸음을 망설일 필요는 전혀 없습니다.

이러한 입장에서 '실천 편'에서는 사회적 히키코모리 사례에 대한 대처법을 가능한 한 구체적으로 그려 보고자 합니다.

사춘기 문제에 대해서는 치료는 물론 가족의 대응이 절반 이상을 차지한다고 해도 과언이 아닙니다. 즉, 적절한 대응법을 숙지하고 있다면 그것만으로도 본인의 고통을 상당히 완화할 수 있습니다.

제가 현재 시행 중인 가족과의 전화나 편지 상담을 시작한 계기도 바로 이 점에 생각이 미쳤기 때문입니다. 많은 가족이 어떻게 대처해야 할지 모른 채 괴로워하고 있습니다. 대처법이 명확하게 제시된다면 우선 가족이 안정됩니다. 가족이 서로 협력하고 전문가와 연대하며 끈기 있게 다룸으로써 이러한 종류의 문제를 절반 가까이 해결할 수 있습니다.

그렇기 때문에 여기에서는 제가 10년간의 경험 속에서 축적한 노하우를 모두 공개하려고 합니다. 여기에 쓰인 것을 충분히 실행함으로써 상황이 호전될 수 있기를 바라며 제2부를 썼습니다.

덧붙여 이 책에서 치료 성공의 사례를 굳이 상세히 제시하지는 않습니다. 픽션에서 '성공 사례'를 제시하는 것은 간단하지만 보통 설득력과 구체성이 부족해지기 일쑤입니다. 실제 사례를 가져왔을 때 공감이나 안심을 살 수 있음은 알고 있지만, 저는 오히려 그러한 정서적 이해가 냉정한 판단을 흐리게 만들 수 있음을 우려합니다. 물론 제 방법론은 많은 개선 사례로 뒷받침되고 있지만, 저는 그러한 '실례주의'로 독자를 유혹하는 일은 피하고 싶습니

다. 성급히 안심을 추구하기보다는 비록 반신반의할지라도 우선
이 문제를 지적으로 인식하고 이해하기를 바랍니다.

또 '실천 편'의 내용에 대해서는 이 책의 끝에서 '히키코모리 대
응 플로 차트'로 정리하고자 합니다. 그 또한 자주 참조한다면 전
체적인 이해가 보다 수월해질 것입니다.

2. 가족이 가져야 할 기본적인 각오

'특효약'은 없다

사회적 히키코모리 사례의 치료에서 우선 확실하게 말할 수 있는 점은, 상담이 시작되었을 때 상황이 이미 상당히 악화되어 있다는 것입니다. 한번 악화된 다음에는 주위 사람들이 어떻게 한들 바람직한 변화가 일어나기는 어렵습니다. 오히려 손을 쓰는 것 자체가 본인을 몰아세우는 결과를 불러일으키는 경향이 있습니다. 그러므로 가족은 이런 상태를 단기간에 되돌릴 수 있는 특효약이 없다는 점을 이해해야 합니다. 어찌 되었든 차분하고 끈기 있게 접근하는 방법 이외에는 없습니다. 종종 가족과 치료자의 격려나 적절한 조언을 통해 한순간에 나아진 듯한 사례가 소개되곤 합니다. 그러나 제 경험에서 볼 때 이러한 '미담'은 불가능하지야 않겠지만 완전히 예외적이라고 할 수 있습니다. 그렇지 않다면 격려의 효과는 대부분 일시적이라고 생각됩니다. 일반적으로 히키코모리 상태에서 돌아오기까지 짧게는 반년, 평균적으로 2~3년 이상의 시간이 필요합니다. 물론 이는 어디까지나 적절한 대응이 이루어졌을 때의 이야기입니다.

히키코모리를 비롯한 사춘기의 문제에서는 '주위 사람들이 얼마나 기다릴 수 있는가'가 이후의 경과를 크게 좌우합니다. 따라서 가족은 '본인의 인격적인 성숙을 천천히 따라가면서 계속 기다린다'라는 기본적인 자세가 필요합니다. '초조함'은 아무 변화도 일으키지 않습니다. 오히려 만성적인 초조함이야말로 '히키코모리 시스템'을 강화시키고 맙니다.

희망을 버리지 않고 기다리는 자세는 그 자체가 본인에게 바람직한 영향을 가져옵니다. '기다린다'라는 것은 또한 냉정한 태도를 취한다는 의미이기도 합니다. 본인의 언동이나 상태가 약간 변화하는 데 일희일비하지 않고 장기적인 전망을 가지고 침착한 태도를 취하는 것. 가족이 먼저 전문가와 상담해야 하는 이유는 이러한 전망을 확고하게 지니기 위해서이기도 합니다. 즉, "히키코모리는 쉽게 낫지 않는다"라는 점과 "끈기 있게 충분히 대응한다면 반드시 개선된다"라는 점 두 가지를 깊이 이해하기 위해서입니다. 치료 중에 때때로 일어나는 일인데, 본인이 어느 날 갑자기 이유도 모르게 활동적이 되거나 의욕적이 되는 경우도 있습니다. 이러한 경우에 "겨우 눈을 떴구나"라는 등 무작정 환영하지는 말아야 합니다. 사춘기에 일어나는 급격한 변화는 종종 정신 질환의 시작을 의미하는 경우도 많기 때문입니다. 얼핏 좋은 변화가 일어난 것처럼 보여도 이유나 방향이 분명하지 않다면 오히려 깊은 주의를 필요로 합니다.

물론 그저 기다리면 된다는 것도 아닙니다. 변화를 기다리면서도 수면 아래의 끊임없는 노력이 필요합니다. 가족 간의 의견 조정이나 가족만의 치료 상담 등도 빠뜨릴 수 없습니다. 그와 동시에 본인이 증상을 통해 무엇을 호소하려 하는가를 제대로 보아야 합니다. 무의미한 간섭을 거두고 따뜻하게 지켜보는 자세가 중요합니다. "손을 쓰지 말고 눈을 써라"라고, 저의 옛 선배가 가르쳐 준 적이 있는데 정말 그 말 그대로입니다.

치료에서 나타나는 '사랑'의 문제점

치료 현장에서 곧잘 "당사자에 대한 사랑을 소중히 하라"라는 '지도'가 이루어집니다. 그러나 저는 '사랑'이란 것이 대단히 어려운 말이라고 생각합니다. '사랑'이 얼마나 멋진지를 부정하지는 않겠지만 그것은 보통 '사건'으로서 일어났을 때 멋진 것이지, 치료의 수단으로서 통제할 수는 없습니다. 저도 "애정을 가지고 대해 주세요"라는 말을 한 적이 있지만 항상 일말의 거짓됨을 느끼고 있었습니다. 사랑을 강요한다는 것은 결국 억지나 다름없기 때문입니다.

그렇다면 치료자는 사랑을 다루지 말아야 할까요? 그렇게 하면 인정미 없는 치료가 되고 말 것 같기도 합니다. 과연 사랑을 훼손하지 않으면서도 사랑을 강요하지 않는 방법이 있을까요?

80년대에 인기가 있던 미국 소설가 커트 보니것Kurt Vonnegut의 책에 있는 "사랑은 실패할지도 모르지만, 친절함은 항상 승리할 것이다Love may fail, but courtesy will prevail"라는 구절을, 저는 왜인지 모르지만 기억하고 있습니다. "승리하다"라는 것은 무엇에게 승리한다는 것인가, 친절함이 항상 좋다고만 할 수는 없지 않은가 하는 의문을 가지기도 합니다. 하지만 그럼에도 여기에는 일면의 진실이 있습니다. 저는 이 말을 히키코모리의 사례에 봉착한 가족에게 격려의 한 구절로서 선사하고자 합니다.

어머니와 아이의 밀실적인 애정 관계

정신분석에 따르면 '사랑'이란 처음부터 자기애로부터 유래합니다. 자신을 사랑하는 것보다 타인을 더 사랑할 수는 없습니다. "아니, 그럴 수 있다"라고 주장하는 사람은 자각하지 못하는 나르시시스트입니다. 정신분석은 그렇게 가르칩니다. 가족에 대한 사랑도 마찬가지입니다. 오히려 자기애와의 구별이 더욱 어려워진다는 점에서 가족에 대한 사랑이야말로 주의가 필요합니다. 그것은 종종 상대를 소유하고 통제하고 싶은 욕망으로 이어지며, 때로는 격렬한 공격성의 원인이 될 수 있습니다. 나중에 다룰 가정 내 폭력 또한 '사랑'의 산물입니다. 격렬하게 폭력을 휘두른 후 필사적으로 사과하면서 동정을 보이려고 하는 아이와 그런 아이를 마냥 안아 주는 어머니. 그곳에는 서로 간의 거리와 통제를 상실한 '사랑'의 무참해진 모습이 존재할 뿐입니다. '사랑'은 '맹목'적이기에 치료를 어렵게 합니다. 거기서 '사랑'은 '일방적인 봉사'로 쉽게 오인되고 맙니다. 극단적인 사례로는, 치료자의 말에조차 귀를 기울이지 않고 오히려 아들의 사랑을 방해하는 훼방꾼이라며 치료자를 내치고 마는 경우마저 있습니다. 이러한 어머니와 아이의 밀실적인 애정 관계는 사태를 한층 악화시키며 불안정하게 만들어 버립니다. 이 같은 관계는 '공생 관계'라 불립니다. 부모는 강한 애정으로 인해 필사적으로 당사자의 마음을 진정시키려 합니다. 하지만 그렇게 노력하면 노력할수록 당사자의 요구나 상황에 휘말려 엉망진창이 되고 맙니다.

물론 히키코모리 상태의 당사자 또한 자신을 사랑하고, 필요로 해 주는 존재를 강렬히 원하고 있습니다. 그러나 동시에 자신이 언제 버려져도 이상하지 않은 인간이라는 인식도 거두지 못하고 있지요. 어머니가 애를 쓰면 쓸수록 자신이 어머니 없이는 살아갈 수 없는 약한 존재라고 생각하게 되고 맙니다. 만약 어머니가 자신을 버린다면 어떻게 될지조차 모릅니다. 20대, 30대의 '소년 소녀'들이 그렇게 말하는 것을 저는 몇 번이나 들었습니다. 어머니의 결사적인 헌신은 생각과는 달리 그들을 이러한 공포로부터 구해 내지 못하고 결국 한층 강화하는 것입니다.

'공의존' 문제

정신의학에는 '공의존(共依存, codependency)'이라는 말이 있습니다. 원래는 알코올 의존증의 사례에서 발견된 가족 관계를 가리키는 말이었지만 오늘날에는 조금 넓은 의미로 사용되고 있습니다. 알코올 의존증 환자의 가족, 특히 부인은 남편의 습관성 음주나 주취 폭력으로 크게 괴로워합니다. 그러나 그러한 관계가 오랫동안 계속되다 보면 곤란을 겪고 있음에도 불구하고 남편으로부터 떠날 수 없게 되고 맙니다. 즉, 부인은 자신의 존재 가치를 그만 '알코올 중독 남편을 보살피는 부인'이라는 역할에서 찾게 되는 것이지요. 이렇게 해서 남편은 자신을 보살펴 주는 역할인 부인에게 의존하고, 동시에 부인은 표면적으로는 곤경을 겪고 있어도 '무능한 남편을 돌봐 주는 역할'이라는 자기 이미지에 빠져 버립니다. 이러한 관계를 '공의존'이라 부릅니다. 여기에는 '서로 돌봐 준다'와 같이 안정된 상호성은 없습니다. 이는 상대를 지배하고 자신의 만족을 위한 도구로 이용하는 관계이며, 따라서 일방적이고 불안정해지기 마련이지요.

여기에서 '알코올 중독'을 '히키코모리'로 바꾸어 봅시다. '히키코모리' 사례의 모자 관계에도 '공의존'은 자주 보입니다. 따라서 부모와 자식의 관계가 교착 상태에 있다고 느껴진다면 이러한 관점에서 관계를 다시 살펴보는 것도 중요합니다. 그곳에 과연 '공의존' 관계가 존재하는지를 검토해 보는 것. 그리고 혹시 존재한다면 어머니가 그것 없이도 살아갈 수 있을까 자신에게 물어보는 것. 그러한 관점을 가지기만 해도 어색한 관계를 개선할 방향이 보입니다.

어머니와 '공의존' 관계에 있는 사례는 거의 100퍼센트 타인과의 관계를 싫어하고 거부합니다. 그 거부가 너무나 격렬하기 때문에 결국 그대로 따르게 되고 마는 어머니도 적지 않습니다. 그러나 여기에 타협해서는 안 됩니다. 어머니가 치료 상담을 다니는 의미가 바로 이 점에 있습니다. 밀실의 부모 자식 관계에 치료자가 일시적으로 사회의 대표로서 쐐기를 박는 것입니다. 물론 당사자는 처음에 대단히 싫어합니다. 아무 상관없는 타인에게 자기 이야기를 하는 것은 당연히 싫은 일입니다. 때때로 부모가 병원에 가려고 하면 날뛰기 시작하는 사례도 있습니다. 그러나 제가 관여했던 케이스에서는 부모가 꾸준히 대응할 경우 이러한 저항은 그리 오래 지속되지 않았습니다. 부모가 병원에 다니기 시작하자 오히려 안도한 것처럼 보이는 사례가 더 많을 정도입니다. 저는 그것이 밀실의 문이 열려, 부모와 자신의 관계가 명확하게 보였기 때문이 아닐까 생각합니다.

타인이라는 거울의 중요성

사회와의 일정한 관계가 성립해야만 부모의 애정이 의미를 가진다는 것. 이것은 무엇을 의미할까요? "모든 사랑은 자기애"라고, 저는 아까 단언했습니다. 이것이 사실일지 아닐지에 대해 이야기하기보다는, 사랑이라는 것을 분석하기 위해서는 당분간 이렇게 정의할 수밖에 없다는 약속과 같은 것입니다. 하지만 그렇다고 가정하면 왜 모든 사람이 자기애적으로, 자기중심적으로 행동하지는 않는 걸까요? 저는 그것이 '사회'의 기능이라고 생각합니다. 즉, 자기애라는 것은 그것을 유지하기 위해 반드시 '타인이라는 거울'을 필요로 합니다. 타인을 사랑하거나 타인으로부터 사랑을 받음으로써 자기애를 유지하는 것이 가장 바람직합니다.

그러나 히키코모리 상태에 있는 청년은 그런 거울이 없습니다. 또는 자신의 얼굴밖에 비치지 않는 텅 빈 거울뿐입니다. 이런 거울은 더 이상 객관적인 상을 엮어 주지 않습니다. 그곳에는 '힘과

가능성으로 가득 찬 자신'이라는 만능 이미지만 떠오르다가 갑자기 사라지고, 이번에는 '아무런 가치도 없고 살아도 의미가 없는 인간'이라는 비참한 이미지로 부서져 버리고 맙니다. 이렇게 그들의 거울은 대단히 불안정하고 왜곡된 상만을 이어 줍니다. 요컨대 자기애가 건전하게(여기에서는 '안정적으로'라는 정도의 뜻입니다) 유지되기 위해서는 가족 이외의 '타인'의 힘으로 '거울'을 안정시킬 필요가 있습니다.

인간은 자기애 없이는 살아갈 수조차 없습니다. 자기애가 제대로 기능하기 위해서는 그것이 적절하게 순환할 수 있는 회로가 필요합니다. 유아기까지 그 회로는 자신과 가족 사이에서 순환하는 것으로 충분했습니다. 그러나 사춘기 이후는 상황이 바뀌어 갑니다. 상황을 바꾸는 가장 커다란 힘이 '성적 욕구'의 상태 변화입니다. 그렇습니다. 사춘기 이후의 자기애는 이성애가 끼어들지 않으면 제대로 기능하지 않습니다. 그리고 이성애만큼은 가족이 결코 줄 수 없습니다.

'사랑'보다도 '친절함'

여기서 말하는 내용은 결코 이론을 가지고만 생각한 것이 아닙니다. 저는 많은 히키코모리 청년들이 다시 일어설 때 이성 관계가 하나의 커다란 계기가 되었음을 몇 번이나 보아 왔습니다. 반대로 말하자면, 히키코모리 상태를 극복하지 못하는 청년들에게 이성 관계야말로 가장 높은 장애물임을 목격했던 것입니다. 그리고 이성 관계만은 치료가 제공해 줄 수 없습니다. 그렇습니다. 여기에서도 '사랑'은 우발적인 사건으로밖에 의미를 가지지 않습니다.

그리고 그렇기 때문에 치료 현장에서는 '사랑'에 의존해서는 안 됩니다. 오히려 '사랑'에 금욕적으로 대처해도 오직 '친절함'만을 명심해야 합니다. '친절함'은 공감 없이는 성립하지 않는데, 바로 이 '공감'이야말로 히키코모리 사례가 요구하는 것입니다. 깊이 공감하면서 부드러운 걱정의 마음을 가지고 '친절함'을 통해 접하는 것. 이것이야말로 '치료적'인 태도입니다. 강한 사랑은 그만큼 공격성 등의 반동을 불러일으키기 쉽습니다. '친절함'에는 이렇게 격렬한 양가성이 없습니다. 지적 이해와 정서적 공감에 기반한 '친절함'의 태도야말로 가족에게 요구되는 이상적 태도입니다.

3. 치료의 전체적인 흐름

최종적으로 지향하는 상태란

필자는 앞서 개인, 가족, 사회의 세 가지의 시스템 사이에서 성립하는 '히키코모리 시스템'에 대해 말했습니다. 이는 일종의 악순환 시스템으로, 악화되면 악화될수록 '히키코모리 상태'가 안정되어 만성화하는 경향을 가지고 있습니다. 그렇게 되면 개인뿐만 아니라 가족도 당사자를 떠안은 채 세상의 이목으로부터 피하려고 노력하게 됩니다. 가족 또한 히키코모리 시스템으로 깊이 휘말려들게 되는 것이죠.

'사회적 히키코모리'를 시스템으로 파악하는 일의 이점이 몇 가지 있습니다. 가장 큰 것은 무엇보다 현재의 문제점과 치료의 흐름을 알기 쉽게 도식화할 수 있다는 점입니다. 개인과 가족, 사회와 그들의 접점이라는 구조의 어떤 포인트에서 문제가 일어나는 것일까요? 어느 부분에 손을 대면 악순환의 시스템을 해제할 수 있을까요? 그러한 점을 설명하기 쉬워집니다.

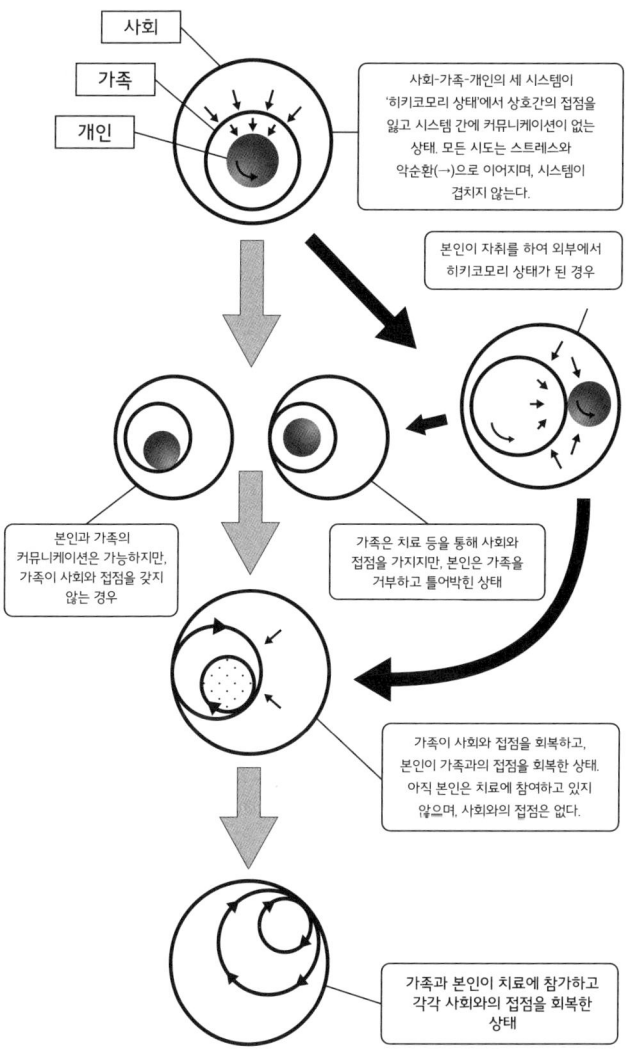

사회
가족
개인

사회-가족-개인의 세 시스템이 '히키코모리 상태'에서 상호간의 접점을 잃고 시스템 간에 커뮤니케이션이 없는 상태. 모든 시도는 스트레스와 악순환(→)으로 이어지며, 시스템이 겹치지 않는다.

본인이 자취를 하여 외부에서 히키코모리 상태가 된 경우

본인과 가족의 커뮤니케이션은 가능하지만, 가족이 사회와 접점을 갖지 않는 경우

가족은 치료 등을 통해 사회와 접점을 가지지만, 본인은 가족을 거부하고 틀어박힌 상태

가족이 사회와 접점을 회복하고, 본인이 가족과의 접점을 회복한 상태. 아직 본인은 치료에 참여하고 있지 않으며, 사회와의 접점은 없다.

가족과 본인이 치료에 참가하고 각각 사회와의 접점을 회복한 상태

[그림 3] 히키코모리 시스템의 변화

3. 치료의 전체적인 흐름

현재의 치료 수준이 어느 정도 진행되었는지 평가하기 위해서도 도식(그림 3)은 유효합니다. 예를 들면 세 가지 시스템의 상호 작용에서도 단계마다 패턴이 있습니다. 본인도 가족을 피하고 가족도 치료에 참가하고 있지 않은 상태, 가족이 상담을 다니고 있지만 본인은 그것을 모르는 상태, 가족이 상담을 다니고 본인도 그것을 알지만 치료를 받지 못하는(받지 않는) 상태, 본인이 치료를 다니고 있지만 가족은 치료를 거부하고 있는 상태. 이러한 패턴에 따라 이해하는 것도 상황을 정리하는 데 도움이 됩니다.

치료 상담을 통해 제가 최종적으로 지향하는 것은 다음과 같은 상태입니다. 가족과 본인이 함께 치료에 지속적으로 참가하고, 가정에서도 치료에 대해 냉정하게 서로 이야기할 수 있는 것. 제가 인식하기로는 어쨌든 이 단계까지 이를 수 있다면 본인이 다시 일어서는 것은 시간문제라고 할 수 있습니다. 적어도 상황은 개선의 방향으로 향하고 있으며 히키코모리 시스템은 해제되어 갑니다.

거꾸로 치료의 노력을 계속하고 있음에도 불구하고 본인의 사회 참여가 상당히 어려울 경우, 치료를 둘러싼 의사소통의 흐름에 어떤 문제가 숨어 있는 경우가 많습니다. 가족 중의 어느 한 사람이 치료에 소극적이기만 해도 큰 장애가 됩니다. 또는 가족이 치료에 너무 열심히 임하는 것도 마찬가지입니다. 너무나 열심인 만큼 초조함도 강해지고 조금이라도 좋은 치료를 찾아 동분서주하며 병원과 카운슬러를 계속 바꾸는 케이스. 또는 히키코모리 가족들의 모임에서 하는 활동이나 자기 자신의 카운슬링에 대한 과도한 집착에 빠지는 케이스. 그중 어느 경우라도 당사자의 의향은 완전히 소외당하고 맙니다. 당사자가 순종적이라는 점을 구실로 이 패턴에 빠져 버린 가족은 종종 '이만큼 노력하는데 왜 보답이 없는가'라는 생각을 품게 되는 경향이 있습니다. 그러나 당사자와의 상호적인 의사소통을 회복하지 않고서 히키코모리 치료는 결코 성공할 수 없습니다. 앞서 제시했던 치료의 목적에 이르는 것은 그렇게 간단하지 않습니다. 저는 비관론을 펴고 있는 것이 아닙니다. 오히려 일정한 방향으로 나아가는 노력을 끈기 있게 지속한다면 반드시 보답이 따른다는 사실을 강조하고 있는 것이지요.

다시 일어서기 위한 두 가지 단계

히키코모리 시스템이라는 도식(그림 3)을 보면서 치료의 전체적인 흐름을 정리해 보도록 합시다.

악화되어 버린 만성 히키코모리 상태에서 어떻게 다시 돌아갈수 있을까요? 아주 대략적으로 생각해 보자면 여기에는 두 단계가 있습니다. 먼저 첫 번째 단계는 서로 인접한 두 시스템 사이의 접점을 회복하는 것입니다. 즉, 본인과 가족, 그리고 가족과 사회라는 두 가지 접점이 충분히 회복되어야만 합니다. 그리고 제2단계에서 본인과 사회와의 접점을 어떻세 회복할까가 비로소 문제가 됩니다.

이렇게 쓰면 그건 당연한 이야기 아닌가 하고 생각할 수도 있겠지만, 의외로 이 순서는 잘 지켜지지 않습니다. '개인 시스템'을 갑자기 '사회 시스템'과 연결하려다가 실패하는 케이스가 종종 보이지요. 예를 들면 지방의 기숙 학원에 본인을 강제로 보낸다든지 아파트를 빌려 강제로 자취 생활을 시작하게 만드는 것, 기숙사를 제공하는 직장을 찾아내서 무리하게 취직시키는 것이 그렇습니다. 이러한 일들은 초기에는 궤도에 오른 것처럼 보이지만 결국 본인이 무너져 내려 가족에 대한 깊은 불신만 남기는 결과를 초래하는 경우가 많습니다. 이러한 실패를 반복하지 않기 위해서라도 우선 인접한 시스템 사이의 접점을 회복하는 작업부터 시작하는 편이 확실합니다.

'가족 시스템'과 '사회 시스템'을 연동시키기는 비교적 쉽습니다. 구체적으로 부모가 치료 상담 기관에 다니거나 가족들의 모임에 참가하는 경우가 있습니다. '히키코모리 문제'를 그저 가족의 문제로 떠안는 것이 아니라 사회와의 연대라는 관점에서 생각하는 열린 자세를 만드는 것입니다.

가장 중요한 것은 부모와의 관계

다음으로 가족 시스템과 개인 시스템의 연결을 다루고자 합니다. 히키코모리 상태에 있는 본인과 그 가족이 어떤 형태로 접점을 회복할 수 있을까요? 구체적으로 말하자면 이는 먼저 본인과 가족 간의 대화가 가능해진 후 보다 친밀하게 속을 터놓고 이야기를 나누는 단계로 나아가는 것입니다. 제 경험에 따르면 이 단계가 가장 어렵고 시간도 많이 걸립니다. 악화되고 만성화한 히키코모리 사례에서는 본인이 가족과 얼굴을 마주하는 것조차 꺼리거나 일절 입을 열지 않고 메모만으로 의사 전달을 하는 경우도 있습니다. 그러나 아무리 단절이 깊어 보여도 이 단계를 빼놓고서는 치료가 진전되지 않습니다. 거꾸로 말하자면 이 단계를 얼마나 회피하지 않고 정성을 다해 수행해 나가는가에 따라 이후의 경과가 상당히 달라지게 됩니다. 이 단계는 그만큼 중요한 의미를 가지고 있습니다.

이 단계를 성실하게 수행해 나가기 어려운 것은 문제가 본인과 가족의 관계에만 한정되지 않기 때문입니다. 치료 중에는 가족 간의 다양한 가치관 차이나 마찰이 문제시됩니다. 가장 많이 보이는 사례는 어머니만이 치료에 열심이고 가족이나 형제는 전혀 무관심하거나 단순히 '게으름을 피운다'라며 비판적으로 생각하는 것입니다. 물론 그 반대의 경우도 있습니다.

히키코모리 시스템을 해소하는 데 가장 중요한 것이 부모와의 관계임을 여기서 다시 강조해 두고자 합니다. 사별이나 이혼 등의 예외적인 경우를 제외하고, 부모가 한마음으로 협력적인 자세를 취하지 않고서는 충분한 개선을 기대하기 힘듭니다. 어떤 사례에서는 히키코모리 상태에 있는 당사자의 언니 혼자만 신경을 쓰고 부모는 꾸짖거나 격려만 하는 상황이 있었습니다. 병원에 다니는 이는 필연적으로 언니 혼자였습니다. 저는 그 언니에게 "자매가 너무 관여하는 것은 치료에 도움이 되시 잃거나 두 사람 모두에게 유익하지 않습니다. 당신은 더 이상 동생의 치료 상담에 손을 대서는 안 됩니다. 그보다는 오히려 당신 자신의 장래를 고민하고 이를 향해 행동해야 하지 않을까요?"라고 대답했습니다. 언니는 제 조언을 받아들였고, 이후에는 전혀 동생의 치료에 협력하지 않게 되었습니다. 그 결과 부모가 무조건 통원을 시작할 수밖에 없게 되었습니다. 사소하긴 하지만 이것은 하나의 진전입니다. 치료자는 가족과 끈기 있게 이야기를 나누면서 이러한 작은 진전을 축적해 나갈 수밖에 없습니다.

이처럼 가족 간에 의견 차이가 큰 경우 본인과의 의사소통을 계획하기 전에 먼저 가족 전체의 협력적 태도를 어느 정도 다져둘 필요가 있습니다. "어느 정도"라고 한 것은 처음부터 완벽을 바랄 수 없기 때문이기도 합니다. 또한, 치료가 순조롭게 궤도에 올라섬으로써 비로소 부모의 치료 의욕이 굳어지는 부분도 있기 마련입니다. 그러나 적어도 '히키코모리'가 '게으름'과는 다르다는 점, 그것이 치료를 필요로 하는 상태라는 점, 가족의 협력이 필요하다는 점, 이 세 가지만은 반드시 인식하고 대응을 시작하는 것이 바람직합니다.

만약 부모 간의 갈등이 심각하고 도저히 의견이 맞지 않는 경우에는 본인의 치료 이전에 부부 카운슬링을 권하기도 합니다. 먼저 부모가 변화를 두려워하지 않고 어려움과 맞서는 자세를 보일 것. 이러한 태도 변화는 반드시 본인에게 전해지며 좋은 영향을 가져옵니다.

'게으름'이라고 생각하지 않는다

그런데, 앞서 말한 바와 같은 자세가 갖추어진다고 해도 본인에 대한 가족의 대응은 어떻게 진행해야 할까요?

실제 사례에서 저는 가족에게 단계적인 대응을 권장합니다. '히키코모리 시스템'에 대해 말하자면, 갑자기 접점을 가지려고 하는 일, 즉 의사소통을 강요하는 일은 쓸데없이 본인을 자극하기만 하는 경우가 많았습니다. 우선 가족의 환경을 충분히 조정해서 본인을 둘러싸고 있는 '가족에 대한 방호벽'을 서서히 부드럽게 만들 필요가 있습니다.

가족의 대응 또한 본인의 상태 변화에 따라 단계적으로 진행할 필요가 있습니다. 처음에는 주위로부터의 접근을 완강히 거부하는 경우가 많기 때문입니다. 이러한 본인의 저항감을 시간을 들여 조금씩 부드럽게 만드는 작업이 먼저 이루어져야만 합니다. 그러니 첫 번째 목표는 '가정에서 본인의 기분을 안정시키는 것'입니다.

사례 대부분이 친구도 적고 장기간 바깥에 나가지 않는 생활을 하고 있습니다. 즉, 가정이야말로 본인에게 유일한 보금자리인 셈입니다. 적어도 가정에서는 안심하고 편안하게 지낼 수 있다는 것이지요. 이 점이 나중에 사회로 복귀하려 할 때 빼놓을 수 없는 전제가 됩니다. 이를 위해서는 본인의 상태를 결코 '게으름'이라고 판단하면 안 됩니다.

가정에서 본인의 고민이나 갈등이 눈에 잘 띄지 않고 그저 편안하게 유유자적하는 듯 보이는 경향이 있습니다. 그러나 본인이 느끼고 있을 약점과 좌절, 열등감 등은 종종 주위의 상상을 초월합니다.

꾸짖음과 격려가 이롭지 않다는 것은 앞서도 말했지만, 이른바 '정론'이라는 것도 치료에 거의 도움이 되지 않습니다. "스무 살을 넘으면 사회적인 책임이 있다", "일하지 않는 자는 먹지도 말라",

"부모가 어리광을 받아 줘서 이렇게 되었다. 더 이상 어리광 부리지 말라", "자기가 벌어서 먹고 살 나이니까 용돈은 없다", "엄하게 대처하지 않으면 자립할 수 없다". 하나같이 지당하기 짝이 없는 의견뿐입니다. 하나하나 뜯어 보면 틀린 의견은 없습니다. 그러나 이처럼 올바르기만 한 말들은 실제로는 본인을 수치스럽게 만들며 상처를 입힐 뿐입니다. 나카이 히사오 씨가 지적하는 것처럼 사춘기 사례에서는 "본인을 부끄럽게 만들지 않는다"라는 점에 특히 주의할 필요가 있습니다. '게으름'이나 '정론'의 관점에서는 본인을 막다른 곳에 몰아넣는 생각밖에 하지 못합니다. '어리광', '제멋대로', '자기중심적'이라는 관점도 마찬가지입니다. 몰아넣기만 해서는 치료가 되지 않음은 말할 필요도 없습니다.

가장 불안한 것은 본인

하지만 그렇더라도 가족 안에 있는 불안의 씨앗은 좀처럼 사라지지 않습니다. 예를 들면 "집이 그렇게 편하면 바깥 세상으로 나가지 못하게 되는 것은 아닌가"라는 걱정을 종종 들을 수 있습니다. 지극히 당연한 의문이겠지만, 사실 이러한 의문은 본인의 기분을 충분히 이해하고 있다면 결코 떠오르지 않을 것입니다.

마냥 히키코모리 상태로 남는 것을 누구보다 걱정하는 사람은 본인입니다. 이는 거의 모든 사회적 히키코모리 사례에 해당할 것입니다. 집이 아무리 편하더라도 이 불안이 완전히 해소되는 경우는 결코 없습니다.

즉, 가족의 걱정 자체가 본인의 걱정이기도 합니다. 가족은 "부모의 마음을 아이가 어떻게 아느냐"라고 생각할 수 있겠지만, 본인은 오히려 평균 이상으로 가족과 동일한 가치관을 공유하는 경우가 많습니다. 부모의 설교나 '정론'이 통하지 않는 것은 한편으로 이 때문이기도 합니다. 뼈저리게 깨닫고 있는 것을 새삼스럽게 다시 듣는 일은 누구든 불쾌하며, 반발하고 싶어질 것입니다.

본인 또한 장래에 불안함을 느끼고 자신의 상태를 한심하다고 생각하지만 어떻게 해야 좋을지를 모릅니다. 결코 태평한 상태로 마음 놓고 한가롭게 지내는 것이 아니라, 이러려던 게 아니라고 애를 태우면서도 사회로 나갈 수 없는 것입니다. 이러한 괴로움을 가족이 먼저 공감하고 이해해 주어야 할 것입니다.

가족과의 신뢰 관계 회복

두 번째 단계에서는, 본인과 대화를 할 기회를 점점 늘리고 이를 통해 가족과의 신뢰 관계를 되돌리는 것이 주된 과제입니다.

히키코모리 사례에서는 본인과 가족의 대화가 종종 극단적으로 빈곤해지고 마는 경향이 있습니다. 가끔 하는 설교를 빼면 무슨 이야기를 해야 할지 도무지 모르겠다는 가족도 적지 않습니다. 그러나 대화가 줄어든 채로 장기화에 빠지면 가족 관계가 한층 삐걱거려 치료를 향한 실마리를 찾기 어려워집니다.

저는 가족에게 평소부터 부지런히(다만 끈덕지다는 느낌은 들지 않도록) 말을 걸기를 추천합니다. 아무 말이 없어도 대답을 강요하지 않으며, 포기하지 말고 몇 번이든 끈기 있게 다가서는 것입니다. 매일 하는 인사라든지 소소한 대화부터 본인이 대답을 하게 된다면 조금씩 화제를 키워 나갈 수 있습니다. 화제로는 대수롭지 않은 잡담이나 취미 이야기 등이 좋습니다. 일이나 학교, 또래 친구나 결혼 이야기 등은 본인의 약점이나 열등감을 자극할 뿐이기 때문에 피하는 편이 좋습니다. 다만 본인이 직접 그런 이야기를 꺼냈을 때는 상황이 다릅니다. 다음에 다시 다루겠지만, 본인이 말을 꺼낸다는 것은 커다란 기회이기도 하기 때문에 어떠한 화제라도 일단 제대로 귀를 기울이는 것이 좋습니다.

말을 걸 때는 표정이나 어조에도 신경을 써야 합니다. 아무리 본인이 듣기 좋은 말을 해도 벌레 씹은 듯한 얼굴에 무뚝뚝한 말투라면 아무 의미도 없습니다. 말과 태도가 정반대가 되지 않게끔, 되도록 알기 쉬운 태도를 취하는 데 신경 쓰는 것이 중요합니다. 말하고자 하는 바를 태도나 행동으로 깨우치게 하려는 것이 아니라 그저 말로 전하는 것입니다. 물론 '비꼬기'나 '빈정대기'는 금물입니다. 본인을 대하는 데 있어 기본은 어디까지나 성실한 '정공법'입니다. 에둘러서 약점을 찌르는 듯한 방법은 치료에서 거의 도움이 되지 않습니다. 이는 오히려 쓸모없는 '억측'을 늘리기만할 뿐, 가족 관계는 더욱 불안정해질 것입니다.

원한과 비난을 어떻게 받아들일 것인가

부모가 다가올 때면 보통 처음에는 전혀 반응이 없거나 다소 망설이면서 맞이합니다. 그러나 시간을 길게 두고 끈기 있게 접하다 보면 서서히 반응이 오고 태도도 점차 부드러워집니다. 이에 따라 대화도 점점 풍부해지지요.

대화가 늘어나기 시작했을 때는 생각지도 못했던 이런저런 주제가 나와서 어리둥절해지는 경우도 종종 있습니다. 예를 들어 히키코모리 사례에서는 부모에게 몰래 '원한'을 가지고 있는 경우가 있습니다. 예컨대 "내가 이렇게 비참해진 것은 키운 부모의 책임이다", "원래 가고 싶지 않았던 학교에 억지로 가라고 했다", "그때 억지로라도 학원에 보내 줬더라면 다른 애들에게 뒤처지지 않았을 것이다", "왕따를 당해서 괴로워할 때 전혀 모르고 있었다", "근처 환경이 나빴는데도 이사를 안 했다", "중학생 때부터 다시 시작하고 싶다. 시간을 과거로 돌리고 싶다" 등등이 있습니다.

이렇게 억지다 싶을 정도로 비난의 화살이 날아왔을 때에도 냉정을 유지할 수 있는 부모는 적을 테지요. "그것은 사실이 아니다"라거나 "그런 핑계는 통하지 않는다"라는, '올바른 반론'을 무심코 펼치고 싶어질지도 모릅니다. 그러나 여기에서도 '올바름'은 그다지 중요하지 않습니다. 어쨌든 말하고 싶어 하는 것을 막지 않은 채 끝까지 말하게 두고 귀를 기울여야 합니다. 바로 입을 틀어막고 반론을 펼치거나 무리하게 이야기를 회피해서는 안 됩니다. 비록 본인의 기억이 부정확하고 명백히 사실을 오인하고 있다 하더라도 본인이 어떤 마음으로 괴로워해 왔는가, 먼저 그것을 성실하게 들어 주는 데에 의미가 있습니다.

물론 "매번 똑같은 이야기를 끝도 없이 듣는 바람에 질리고 말았다"라며 불평하는 가족도 적지 않습니다. 본인이 마지막 말을 끝낼 때까지 계속 듣기만 하는 역할을 견디는 것은 상당히 어려운 일입니다. "무엇이 올바른가"가 아니라 본인이 "어떻게 느껴 왔는가"를 충분히 이해하는 것. 그것이 틀린 기억이라 할지라도 '기억에 대한 공양'을 바치는 기분으로 대하는 것입니다. 이는 진정한 의사소통에 들어가기 직전에 반드시 필요한 의식 같은 것입니다.

다만 주의해야 할 일은 "귀를 기울이는 것"과 "하라는 대로 하는 것"은 전혀 다르다는 점입니다. 당연한 이야기임에도 이 둘은 종종 혼동되기도 합니다. 예를 들어 본인이 화가 난 나머지 사과하라거나 돈을 내놓으라고 하는 경우가 있습니다. 이러한 요구에는 원칙적으로 응하지 말아야 합니다. 제 추측으로, 이러한 요구는 자신의 호소를 제대로 듣지 않았던 가족에게 향하는 경향이 있습니다. 이는 가족에게 호소를 전하기 위해 보다 강렬한 표현을 선택한 결과에 지나지 않습니다. 그렇기 때문에 중요한 것은 본인이 정말로 '자신의 기분에 귀를 기울여 주었다'라고 느끼는 일입니다. 그렇게 느낀다면 딱히 특별한 행동을 취하지 않더라도 원한이나 요구가 점차 줄어들게 됩니다.

진정으로 '수용적'이 되는 것

본인의 비판에 반발하기만 하는 부모가 있는가 하면, 비판을 대단히 심각하게 받아들이는 부모도 있습니다. 자신들의 양육 방식이나 환경이 좋지 않았다며 깊은 회한에 빠져 버리는 것입니다. 그러나 이 또한 문제가 있습니다. 양육이나 진학에 후회가 있다고 하더라도 지나친 후회는 치료에 방해가 됩니다. 저는 이러한 가족에게 항상 "후회가 아니라 반성만을 하십시오"라고 지시합니다. '반성'이라면 이후의 적절한 대응과 연결되기 때문입니다. 과도한 후회가 좋지 않은 것은 의연하게 대처해야 할 때에 어정쩡한 태도를 취하게 되기 때문입니다. 그 결과 부모가 마치 대죄인이 된 것처럼 몇 번이고 의미도 없는 사과와 보상의 행위를 반복하게 되어 버립니다. 이렇게 되면 부모와 본인 모두 점차 혼란스러워집니다.

정말로 '수용적'이 되기 위해서는 그 틀이 확실히 보여야 합니다. 수용을 위한 그릇에 '구멍이 뚫려' 있다면 수용의 의미가 사라지고 말 것입니다. 또한 한도 끝도 없이 수용만 하다 보면 오히려 상대방에게 '집어삼켜질 것 같은 공포'를 줄 수 있습니다. 수용에는 '끝'과 '틀'이 필요하며, 그것이 무너질 것 같은 때는 의연하게 거부하는 태도가 필요합니다. 다시 말하지만, 부모는 반드시 '수용의 자세'를 취함과 동시에 '수용의 틀'을 알기 쉽게 본인에게 보여 줘야 합니다.

또 중요한 점 한 가지는, 한번 다가가면 반드시 계속해야 한다는 것입니다. 처음에는 어느 가족이든 열심히 치료에 임합니다. 빈번하게 병원을 드나들고 의사의 지시를 잘 따르며 히키코모리 가족 모임에 참가하고 본인에게도 힘껏 다가갑니다. 그러나 치료가 장기화를 거치면서 본인의 상태가 쉽게 변하지 않으면 가족도 점차 무기력에 빠지고 맙니다. 모처럼 올바른 대응을 시작했다가 점점 손을 떼는 경우도 적지 않습니다. 이는 실제로 아무것도 하지 않는 것보다 나쁩니다.

히키코모리 상태에 있는 본인의 경우, 겉으로는 잘 알 수 없지만 가족의 동정에 매우 민감한 법입니다. 가족이 뭔가 이전과는 다르게 대응하기 시작하면 본인은 반드시 그것을 눈치챕니다. 그러나 본인이 가족의 변화에 따라 바로 바뀌지는 않습니다. 오히려 가족이 정말로 진지하게 노력하고 있는지, 그저 일시적인 변덕이 아닌지 상당히 냉정하게 바라보고 있습니다. 그런 중에 모처럼 접근하기 시작했다가 멈추어 버리는 것은 본인의 입장에서 보자면 가족으로부터 다시 한번 "너를 버리겠다"라는 선언을 듣는 것이나 마찬가지입니다. 바람직하게 대응을 이어 가기 위해서는 우선 무리하지 않을 정도의 속도 조절, 그리고 일단 시작했다면 반년 혹은 1년 사이에 포기해 버리지 않을 각오가 필요합니다.

저는 최종적인 목표가 본인과 가족 사이에 건전한 의사소통 회로가 열리는 것이라고 했습니다. 이는 구체적으로 무엇을 의미할까요? 몇몇 가정의 사례를 보아 온 저는 그 지표의 하나가 '부모와 본인이 농담을 주고받는 것'이라고 생각합니다. 가볍게 상대를 놀리는 말이 일상적으로 그리고 자연스럽게 오고 가는 관계. 어느 정도 가족 간의 조정이 성공한 경우에는 이러한 관계가 점차 가능해집니다. 이러한 관계는 적당한 친밀함과 동시에 적당한 거리감이 유지되지 않는다면 성립하지 않습니다. 특히, 거리가 충분히 확보되지 않으면 농담이 통하지 않고 바로 '의심'에 빠지거나 가정 폭력으로 이어지는 경향이 있습니다. 또한 쌍방이 서로를 너무 지나치게 배려하는 관계라면 그야말로 농담을 고민할 때가 아닙니다. 일정 정도의 거리감이 유지된다면 '사회적 히키코모리의 치료'라는 문제의식이 공유되어, 함께 치료에 힘쓴다는 이상적인 관계를 달성하기 쉬워집니다.

가족 내의 '범인 찾기' 논리

앞서 논했지만, 히키코모리 사례의 치료에서는 가족의 전면적인 협력이 필요합니다. 다른 질환에 비해서도 가족의 중요성이 대단히 큽니다. 다른 질병의 경우 가족이 충분히 협력하지 않더라도 약물이나 개인 정신 요법 등으로 일정 수준까지 치료할 수 있습니다. 그러나 히키코모리 사례의 경우 가족의 협력을 구할 수 없다면 치료가 거의 불가능합니다. 처음부터 본인이 치료를 받고자 하는 의욕이 전혀 없거나 매우 불안정한 이상, 가족의 협력 없이 치료가 불가능하다는 것은 당연하다고 할 수 있습니다

여기서 말하는 '가족'이란 사실상 부모입니다. 부모가 전면적으로 관여하는 것이 치료에 있어 빼놓을 수 없는 요소입니다. 또한 부모 외의 가족 혹은 친척의 관여는 필요하지 않을 뿐 아니라 해를 끼치기도 합니다.

아버지의 무관심도 문제인데, 흔히 치료를 어머니에게 떠맡겨 버리기 일쑤입니다. 완전히 떠넘긴다면 그나마 다행입니다. 아버지가 변덕스럽게 본인을 꾸짖거나 격려하는 등의 행동으로 자신의 책임을 다했다고 여기는 경우가 많습니다. 그러나 그러한 관계는 치료를 방해할 뿐입니다. 물론 아버지가 일을 하기 때문에 치료에서 어머니의 비중이 커지는 것은 피할 수 없습니다. 그러나 경험적으로는 아버지가 열심이라면 치료가 진전되기 쉽습니다. 역시 아버지가 히키코모리에 대한 이해를 공유하고 힘을 합쳐 앞으로 나아가는 것이 바람직합니다. 정기적으로 병원에 드나들기는 어렵겠지만, 때로는 부모가 나란히 가족 모임이나 공부 모임

등에 참가함으로써 당사자에 대한 대응과 마음가짐을 충분히 일 치시켜 두는 것이 중요합니다.

불행히도 악화된 히키코모리 사례에서는 보통 부모의 관계도 삐걱거리기 일쑤입니다. 아버지는 "어머니의 양육 방식이 틀렸 다"라고 주장하며, 어머니는 "아버지의 무관심이 원인이다"라면 서 물러나지 않습니다. 그러나 이것이야말로 가장 피해야 할 '범 인 찾기'의 논리입니다. 그렇습니다. '범인 찾기'는 요컨대 답을 찾 을 수도 없기 때문에 치료에 큰 해를 끼치는 사고방식입니다. 무 엇보다 히키코모리 상태에 있는 본인이 가장 그런 생각에 빠지기 쉽습니다. '내가 이렇게 된 것은 부모 탓'이라는 생각은 부모의 그 러한 말다툼에서도 영향을 받아 한층 강화되고 맙니다.

이를 막기 위해서는 둘러 가는 것 같아도 부모의 부부 관계를 다시 돌아볼 필요가 있습니다. 말로써 해결될 수 있는 경우도 있 는가 하면 카운슬링이 필요할 때도 있습니다. 어찌 되었든 부모가 부부로서 화목하게 지내는 일, 그 치료적 효과는 절대적입니다. 부모 자신이 갈등의 해결을 위해 노력하고 그것을 극복하는 모습 을 보인다면 본인에게도 확실히 희망을 주겠지요. 또한, 종종 밀 실적인 모자 관계가 형성되어 치료를 방해한다는 것은 지금까지 살펴본 바와 같은데, 어머니가 아버지와 친밀한 관계를 유지한다 면 이와 같은 밀실화는 막을 수 있을 것입니다.

장기전을 치르기 위해

상황이 심각하더라도, 아니, 오히려 심각한 만큼 절대로 관여하려 하지 않는 부모도 있습니다. 특히 아버지에게서 이러한 경향이 많이 보입니다. 아무리 어머니가 사정해도 전혀 대화를 하지 않거나 "마음대로 해라. 나는 모른다"라며 우깁니다. 당사자는 일에 몰두하고 있는 듯하지만 실은 가장 큰 곤란을 피해 일로 도피하고 있는 것이죠. 즉, 이 또한 '히키코모리'입니다. 이러한 태도는 역시 상상력이 모자라다며 비판받아야 합니다. 문제는 누가 잘못했냐는 사소한 내용이 아니라 앞으로 어떻게 해야 하느냐입니다. 만약 바로 손을 쓰지 않으면 10년, 20년 후에 30대 내지는 40대가 되어 버린 아이를 계속 부양해야 합니다. 그렇습니다. 물론 정년 후에도 마찬가지이지요. 사태를 그냥 방치하면서 눈앞의 상황에서 눈을 돌려 버린 결과는 그만큼 뚜렷합니다.

제가 이처럼 굳이 장래에 대한 불안을 부추기면 일부 부모는 "아이가 다시 일어설 수만 있다면 뭐든지 하겠다. 어떤 희생도 감수하겠다"라는 과잉 반응에 빠지고 맙니다. 이것은 이것대로 곤란한 문제입니다. 저는 부모가 치료에 진지하게 임해 주기를 바라지만, "모든 것을 버리고 치료에만 전념하라"라고 주장하고 싶지는 않습니다. 치료 자체는 생활의 일부를 할애하기만 해도 가능하기 때문입니다.

그렇다 해도 상당수의 부모, 특히 어머니가 반쯤은 속죄하는 기분으로 정말로 모든 것을 내던지고 당사자의 뒷바라지를 하려고 합니다. 이 책에서 몇 번이나 이야기했지만, 이렇게 밀착된 모자 관계는 오히려 치료에 방해가 됩니다. 그럼에도 불구하고 그러한 관계가 종종 발생하는 것은 왜일까요? 저는 그것이 당사자와 어머니 자신이 그러한 관계를 내심 원하고 있기 때문이라고 생각합니다. 자신을 희생하는 행위의 감미로움 또한 이러한 관계를 강화시킬 것입니다. 이렇게 되면 희생과 헌신도 일종의 중독이나 마찬가지입니다. 본인은 "나는 어머니 없이 살 수 없다"라고 느끼게 되며, 어머니도 "우리 아이는 나 없이 살 수 없다"라고 확신합니다. 물론 그것은 착각에 지나지 않지만, 이 중독 작용은 그만큼 강렬합니다. 다시 한번 말하지만, 치료를 생각한다면 이러한 '애정'을 억제해야만 합니다.

오히려 히키코모리 치료라는 장기전, 그것도 상당한 소모전을 치르기 위해서는 부모 각자가 자신의 세계를 명확하게 확보할 필요가 있습니다. 아버지에게는 일이나 사교가 있으니, 이 점은 주로 어머니에게 강조하고자 합니다. 24시간 당사자와 마주하면서 지내려는 방식은 전혀 바람직하지 않습니다. 어머니 또한 파트타임 등의 일이나 취미, 학습 등의 시간을 충분히 확보해야 하며, 사교 관계도 빼놓을 수 없습니다. 그러한 경우 어머니가 스스로를 위한 시간을 확보하는 것은 어머니 자신의 정신적 밸런스를 유지하는 데 도움이 되겠지요. 어머니가 바깥으로 외출하는 것을 무척 싫어하는 사례도 있지만, 그것을 뿌리치고 나감으로써 본인 속에 '어머니라는 개인'이 다시 인식될 것입니다. 자신과는 다른 개인으로서의 어머니를 인식하고 그 사실을 받아들이는 것. 이러한 변화는 히키코모리 치료에서 매우 중요한 의미를 가집니다.

4. 일상 생활에서

먼저 말을 거는 것부터

히키코모리 사례 중 약 절반 정도에서 가족 간의 대화가 매우 부족했다는 사실은 이 책의 전반부에서 언급한 바와 같습니다. '치료의 전체적인 흐름' 항목에서도 부분적으로 다루었지만, 이러한 경우 먼저 가족과 본인의 대화를 부활시키는 것이 최우선 과제입니다. 여기에서는 이를 위한 구체적인 테크닉에 대해 다루어 보겠습니다.

거의 말을 나누지 않으며, 가족조차도 이미 몇 개월이나 본인의 얼굴을 본 적이 없다는 사례도 흔치 않습니다. 그러나 아무리 철저하게 가족을 피하려 하는 경우라도, 숨을 죽이면서 가족의 동정을 모조리 듣고 있음은 분명합니다. 부모가 갑자기 말을 걸려고 하면 본인은 바로 눈치챕니다. "아, 또 시작이네". 그로부터 본인은 다양하게 추측할 것입니다. "이번에는 또 어디서 들은 이야기일까? 또 신문에서 '히키코모리 특집' 같은 거라도 봤겠지. 얼마나 오래 갈지 한번 보자." 대체로 그러한 시선으로 보고 있음을 의식하면서 부모는 접근을 시작하게 됩니다.

시작은 먼저 '인사'부터입니다. 안녕, 갔다 올게, 나 왔어, 잘 왔어, 잘 먹겠습니다, 고마워, 잘 자 같은 말부터 붙이기 시작하는 것입니다. 굳이 본인에게만이 아니라, 가족 모두가 되도록 자주 인사를 나누려고 하면 더 좋은 영향이 있을 것입니다. 물론 당사자는 인사를 무시할 것이고 가끔씩은 성가시다는 듯한 태도마저 보일지도 모릅니다. 그러나 인사 때문에 당사자가 깊이 상처받은 것은 아닙니다. 조금 압박하는 느낌이 없지 않지만, 인사를 열심히 하는 것이 첫걸음입니다. 그리고 끈질기게 들리겠지만 한번 시작한 인사는 결코 저절로 없어지지 않도록 배려해야 합니다.

당분간 인사만으로 접근하다 보면 본인이 말을 걸기도 합니다. 귀중한 대화의 실마리이기 때문에 그 기회를 놓쳐서는 안 됩니다. 아무것도 아닌 이야기라도 되도록 많이 '대화를 나눌' 기회를 만들어 봅시다. 아직 이야기라고 부를 정도는 아니더라도 이러한 기회가 늘어남으로써 가족에 대한 본인의 경계심이 확실히 옅어져 가기 때문입니다. 아무리 해도 인사 한 번 건네 주지 않을 경우에는 메모를 같이 써 봅시다. 이 또한 사소하고 대수롭지 않은 말 한두 마디만 곁들여도 충분하겠지요. "반찬은 뭐가 좋을까"라든지 "나갔을 때 사 왔으면 하는 것이 있니" 같은 내용이 무난합니다. "정원에 핀 꽃이 예쁘더라"와 같이 계절과 관련된 인사도 괜찮습니다. 본인을 자극하지 않으려면 오히려 되도록 사소하고 평범한 내용이 바람직할 것입니다.

이야기가 종종 어색하게 흘러가거나 너무 긴장해서 말을 잘 못하는 부모가 있습니다. 그러나 오랜 기간 히키코모리 상태에서 한마디도 나누지 않았던 아이에게 말을 걸 때 딱딱하고 어색해지지 않는 게 더 이상합니다. 새삼스러워도, 어색해도 괜찮습니다. 중요한 것은 당사자에게 부모가 자신과 이야기하고 싶어 한다는 점, 또 그를 위해서 엄청난 노력을 하고 있다는 점, 그것이 전해지기만 하면 됩니다.

말을 걸 때 주의해야 할 점은 당사자가 자신의 방에 틀어박힌 경우 반드시 방의 바깥에서 말을 걸어야 한다는 점입니다. 믿기 어렵겠지만, 세상에는 노크도 하지 않고 아이의 방문을 열거나 노크를 한 뒤 반응도 기다리지 않고 문을 여는 부모도 있는 모양입니다. 그러한 행위는 치료적이지도 않거니와 상식적이지도 않습니다. 아직 이야기를 나눌 수 없는 단계라면 본인의 프라이버시를 최대한 존중한다는 자세를 분명하게 보일 필요가 있습니다. 그를 위해서라도 말을 걸 때는 방문을 열지 않은 상태로 방 바깥에서 하는 것이 바람직합니다.

이야기를 어떻게 이어 나갈까

이야기는 종종 캐치볼과 비슷하다고 합니다. 즉, 대화에는 상호성이 있다는 뜻입니다. 상호성이 없는 이야기는 단순한 독백과 큰 차이가 없습니다. 그러한 의미에서 아래로 굽어보는 듯한 말투, 무턱대고 일방적으로 단정하는 말투는 바람직하지 않습니다. 오히려 되도록 애매하고 부드러운 방식이 좋습니다. "그건 당연히 OOO지!"라든지, "요즘 세상은 OOO이 옳다"라는 식이 아니라 "아무래도 OOO이 아닐까"라든지 "아빠는 OOO이 좋아 보이는데, 넌 어때?" 같은 말투입니다. 그것이 잘 통하게 되면 의사소통이 훨씬 깊어지기 쉬울 것입니다. 이와 관련하여, 당사자를 부를 때는 "너"라고 하면 반발을 사기 쉽습니다. 저는 당사자의 이름을 부르기를 권장합니다.

화제로는, 장래나 또래 친구 이야기를 피해야 한다고 이전에도 말했습니다. 그러나 사실은 피해야 하는 화제의 목록을 망라하기보다는 틀어박힌 본인의 입장에서 생각해 보는 것이 중요합니다. 자기 인생이 실패했고 완전히 뒤처져 버렸다고 생각하는 사람에게 장래나 일, 결혼 이야기 등을 꺼내는 것은 잔혹한 처사입니다. 과거 즐거웠던 시절의 추억 이야기조차 당사자는 기피합니다. 비슷한 연배의 탤런트 이야기도 조금씩 상처를 줍니다. 화제로는 시사 이야기나 사회 이야기 정도가 무난합니다. 사실, 세계 정세에는 제법 관심이 있는 히키코모리 청년도 적지 않습니다. 그뿐만 아니라 본인에게 무언가 취미가 있는 경우에는 그것에 대해 여러 가지 물어보는 것도 나쁘지 않겠지요.

금전에 관한 세 가지 원칙

사춘기 문제에서 '돈'은 대단히 중요한 위치를 차지하고 있습니다. 히키코모리뿐만 아니라 사춘기 사례의 치료에서도 돈을 다루는 방법에는 원칙이 있습니다. 그것은 대략 다음의 세 가지 원칙으로 요약할 수 있습니다.

- 용돈을 충분히 준다.
- 반드시 일정한 금액을 준다.
- 금액은 본인과 상의하여 결정한다.

여기서 첫 번째 항목만 보고도 불안에 휩싸이는 가족이 적지 않을 것입니다. 용돈을 충분히 주면 일을 할 마음이 사라져 버릴 거라고 생각하는 사람도 있겠지요. 그러나 진정 공감대가 형성되어 있다면 이런 생각을 할 수조차 없습니다. 본인이 틀어박혀 있는 것은 결코 '일하고 싶지 않기 때문'이 아니라 '일하고 싶은데 일할 수 없기 때문'입니다.

대부분의 사례에서 왠지 모르게 "원할 때 원하는 만큼"이라는 애매한 형태로 돈이 오고 갑니다. 이것은 이중의 의미로 위험합니다. 하나는 심한 낭비로 이어지기 쉽기 때문입니다. 다른 하나는 돈을 점점 원하지 않게 될 수 있기 때문입니다. "특별히 가지고 싶은 것이 없으니까 돈 같은 건 필요 없다"라고 말하기 시작했다면, 이는 대단히 위험한 징후입니다.

히키코모리 사례에서는 의욕만 떨어지는 것이 아닙니다. 종종 성욕이나 물욕과 같은 다양한 욕망이 전반적으로 저하될 수 있습니다. 다시 정신분석에 의거하자면 "욕망은 항상 타인의 욕망"입니다. 즉, 우리가 원하는 것은 많든 적든 남들이 원하는 것입니다. 사물의 가치는 타인의 욕망의 정도에 따라 결정되며, 우리는 대체로 그 가치에 따르는 욕망을 갖게 됩니다. 버리려고 했던 물건인데 남이 달라고 조르는 순간 아까워지는 것도 바로 이 때문입니다. 반대로 말하자면 사회와의 접점이 희박해지고 거리가 멀어질수록 욕망도 희미하게 변해 갑니다. 이러한 욕망의 쇠퇴가 진행될수록 거기에서 돌아가기는 대단히 어려워집니다. 물욕을 자극하여 소비 활동이라는 형태로 사회 참여를 촉진하기 위해서도 용돈을 충분히 줘야 한다고 다시 한번 강조해 두겠습니다. 그렇습니다. 소비 또한 사회 참여의 한 가지 형태로, 거의 모든 히키코모리 사례에서 사회와 접하기 위한 유일한 보루입니다. 그것을 빼앗지 말아야 함은 당연한 일이지요.

저는 어느 정도 충분한 의사소통이 성립되면 본인의 생활비가 얼마나 드는지를 항상 명확히 해야 한다고 생각합니다. 이는 본인의 기호품이나 취미, 패션 등에 쓰이는 모든 금액을 의미합니다. 다르게 말하자면, 이는 식비나 난방비 외에 본인이 필요로 하는 돈입니다. 이러한 금액을 모두 밝힌 후 그것들을 용돈으로 충당케 하는 것이 이상적입니다.

실제로 본인에게 물어보면 너무 부족한 금액을 달라고 하는 경우가 의외로 많습니다. 이 또한 본인의 열등감이나 미안함의 발로라고 생각할 수 있겠지요. 제 경험으로도 본인에게 금액을 결정하게 한들 터무니없이 큰 돈을 달라고 하는 경우는 없었습니다. 한 달에 몇십만 엔(수백만 원)씩 소비하는 경우에는, 거의 예외 없이 원할 때 원하는 만큼 돈을 건네는 식이었습니다. 우선 돈을 계획적으로 쓸 수 있도록 만드는 것이 목표이므로, 논의를 통해 '무엇을 위해 얼마만큼의 돈이 필요한가'라는 세부적인 목록을 만들고 이를 바탕으로 금액을 결정하게 하는 것이 가장 이상적입니다. 좀체 결정하기 어려울 때는 과거 반년에서 1년 사이의 월 평균액을 계산하고 그에 준하여 결정하는 것이 가장 현실적이고 설득력이 있겠지요.

이렇게 금액이 결정되면 나머지는 그 틀을 지키게 합니다. 너무 많이 쓰면 절제하도록 하거나 '가불'을 해 주는 방법도 있습니다. 반대로 본인이 아르바이트를 시작한 경우라도 당분간은 용돈을 계속 주는 것이 좋습니다. '일정한 금액'이란 그러한 의미입니다.

돈은 사람을 미치게 할 수도 있지만 그런 만큼 적절하게 이용하면 사람이 정신을 차리도록 만들 수도 있다고, 저는 생각합니다. 돈은 쓰면 없어집니다. 또는 쓰지 않으면 모을 수 있지요. 이 당연한 감각마저 충분히 익히지 못한 사례가 얼마나 많은지요. 금전에 대한 원칙을 지키는 일은 아이로 하여금 이러한 감각을 익히게 함으로써 자신의 경제적인 위치를 자각하도록 이끌 것입니다.

'아이로 돌아가기'를 어떻게 볼 것인가

몇 년 전 사춘기 문제를 다룬 TV 드라마에서 다음과 같은 장면과 맞닥뜨렸습니다. 가정 폭력을 휘두르는 아들과 엄마의 갈등이 주제로 그려지고 있었는데, 결말에서 어머니는 중학생 정도로 보이는 아들의 마음을 받아들이면서 아들을 마치 아기처럼 껴안고 젖가슴을 빨게 하는 것이었습니다. 저는 이를 보고 너무나 당황했습니다. 그것은 아마도 해피 엔딩으로 이해해야 할 장면이었겠지만, 저는 오히려 이 모자의 앞날을 생각하면서 암담함을 느꼈습니다. 여기에는 어떠한 치료의 방법론도 없이 그저 무작정 치유받고자 하는 누군가의 덧없는 욕망이 토로되고 있을 뿐 아닐까요? 각본가 혹은 연출가의 무지는 어쩔 수 없다 해도, 문제는 아마 이러한 해결을 원하는 듯한 사회적 상황이 존재하는 것은 아닐까 하는 점입니다.

만약 본인의 상태가 '퇴행', 즉 '아이로 돌아가기'와 같은 상태라면 이렇게 대응하라고 할 수 없습니다. 이와 관련해서 말하자면, 히키코모리 사례의 '치료'로서 가끔씩 퇴행을 촉진하도록 권유하는 치료자도 있는 모양이지만 저는 경험적으로 반대합니다.

퇴행을 촉진하는 쪽의 논리는 대체로 다음과 같습니다.

— 아이들은 어렸을 때부터 '착한 아이'가 되도록 강요받아 왔다. 그래서 그들은 지금까지 한 번도 자식답게 부모에게 어리광을 부릴 수 없었다. 이는 자녀의 응석을 받아들이지 않은 부모에게도 책임이 있다. 히키코모리 상태는 이러한 응석받이가 되고 싶은 마음의 신호이기 때문에 그런 마음을 확실히 받아들일 필요가 있다. '치료'란 즉 '다시 한번 제대로 키우기', 그러니까 일단 스킨십 등을 통해서 충분히 응석을 부리는 단계부터 시작해야 한다.

물론 이렇게 이해하는 것이 완전히 잘못되었다는 뜻은 아닙니다. 사춘기 이전 문제의 일부나 등교 거부, 히키코모리가 시작된 초기 단계의 일부에서는 이러한 이해가 그 나름대로 유효할 수 있습니다. 그러나 실제 임상 장면에서는 이러한 이해는 오히려 해가 더 많아 보입니다. 받아들이는 데 틀이 필요하다는 것은 앞서 언급한 바와 마찬가지인데, 여기서 '틀'이라는 것은 스킨십 금지입니다. 응석을 받아들이는 것은 언어의 수준에서 그쳐야지, 신체 접촉을 동반하는 응석은 원칙적으로 피해야만 합니다.

'강박'과 마주하는 방법

강박 증상의 문제는 가정 폭력과 대단히 유사합니다. 둘 다 어머니가 휘말려 쉬이 피해자가 되기 때문입니다. 특히 확인 강박과 같은 증상에서는 본인이 납득할 때까지 확인을 요구하기 때문에 본인과 어머니 모두 녹초가 되고 맙니다. '화장터' 이미지에 대한 두려움이 강했던 어떤 사례에서는, 우연히 어머니와 드라이브를 하고 돌아오는 길에 화장터 근처를 지나왔다는 사실이 마음에 걸려 같은 경로를 수십 번씩 차로 왕복하게 해서 하마터면 접촉 사고가 일어날 뻔했던 적도 있습니다. 이러한 사례를 보더라도 대응하기란 무척 어려워 보입니다.

강박 증상이 강박 신경증으로부터 비롯되었다면 일단 강박 신경증에 대한 치료를 우선시하게 됩니다. 그러나 히키코모리 상태에서 이차적으로 발생한 강박 증상의 경우라면 사정이 달라지겠지요. 저는 이 이차적 강박 증상이 더러 의사소통에 문제가 있다는 신호인 경우가 많다는 인상을 받습니다. 이 경우 부모가 함께 치료에 참여하면서 의사소통 방식을 적정하게 조정함으로써 강박 증상을 개선할 수 있습니다. 그러나 강박 증상을 호소하는 본인도 완고하지만 오히려 가족이 한술 더 떠서 융통성이 없는 경우가 많다는 점은 문제입니다. 따라서 가족이 당사자의 증상을 충분히 이해하고 납득할 필요가 있습니다.

본인이 자취를 하고 있을 경우

본인이 대학생인 경우 등에서 장기간 가족과 떨어진 채로 칩거하는 사례를 가끔 볼 수 있습니다. 그중에는 "자립을 위해서"와 같은 명목으로 상당히 무리하게 1인 생활을 영위해야 하는 사례도 있습니다. 그러나 특수한 예외를 제외하고는 히키코모리 상태에서의 자취 생활은 전혀 '자립'에 도움이 되지 않습니다. 대부분은 그대로 아파트에 틀어박혀 버리기 때문입니다. 이 경우 오히려 가족과의 접점을 유지하기 어려워지거나 치료를 시작하기 어려워지는 등 문제점이 더 많습니다. 물리적으로나 심리적으로나 가족과의 접점을 잃어버려서 '히키코모리 시스템'을 해제하기가 거의 불가능해집니다.

이러한 경우 본인과 이야기를 해서 일단은 같이 사는 생활로 돌아가는 것이 원칙입니다. 다만 너무 무리하게 권하면 갑자기 잠적하는 경우도 있기 때문에 시간을 들여 수 차례 협상을 거듭할 필요가 있습니다. 본인이 "도저히 가족과는 함께 살고 싶지 않다"라고 주장한다면 적어도 근처의 아파트에 살게 하는 방법 등을 통해 조금이라도 접점을 늘려 가야 합니다. 통신 환경도 중요하지요. 전화는 물론이고 인터넷, SNS 등을 사용할 수 있다면 좋습니다. 이렇게 해서 가족들이 정기적으로 전화를 걸거나 직접 아파트를 찾아가거나 본인이 응할 경우 가끔 집에 머물게 하는 방식으로 서서히 같이 살도록 뜻을 맞추게 됩니다.

생활의 '난잡함'을 받아들인다

히키코모리 사례에서는 종종 생활 전반에서 난잡한 모습이 눈에 띕니다.

일단 밤낮이 바뀐 것처럼 생활 리듬이 흔들리고 불규칙적으로 변합니다. 또한 틀어박혀 있는 방 안은 매우 난잡한 상태로, 물건이나 쓰레기가 흩어져 발 디딜 틈도 없을 지경이 되어 버립니다. 가끔 자신의 방 환경이 너무 악화될 경우 거실이나 부엌을 점거하고 그곳에 자신의 게임 소프트웨어나 비디오, 잡지를 산더미처럼 쌓아 놓기도 합니다.

또는 "방에서 TV만 본다"라든지 "게임만 한다"라는 불만도 자주 듣습니다. 자신이 관심 있는 대상에만 흥미를 보이고 사회와 관계를 맺으려 하지 않는 이른바 '오타쿠'적인 자폐 경향을 병적인 것으로 보고 나쁘게 생각하기 마련입니다. 그러나 히키코모리 사례에서는 비록 TV 화면을 통해서라도 사회적 관심을 유지하는 것이 오히려 바람직합니다. TV나 컴퓨터에 빠지는 것이 대인 기피를 조장한다는 의견도 만만치 않은 듯하지만 확실한 근거가 있는 것은 아닙니다. 무작정 위기감을 느끼기보다는 부모도 함께 어울려 즐기는 것이 좋습니다. '함께 즐긴다'라는 행위 그 자체가 훌륭한 의사소통이기 때문입니다.

어쨌든 '생활 태도' 같은 표면적인 부분에 사로잡힌 채로는 히키코모리 사례의 본질이 보이지 않는다는 것도 사실입니다. 일단 한 번 정도는 본인의 난잡함을 포함해서 현상을 있는 그대로 받아들이는 것부터 시작해야 합니다. 그것이 기본 자세입니다. 이러한

'난잡함'은 히키코모리 상태에서 2차적으로 일어난 증상인 만큼 그것만을 바로잡는 일은 무의미합니다.

'난잡함'을 받아들인다는 것은 본인의 프라이버시를 존중하는 일로 이어집니다. 우선 '본인의 방'이라는 영역을 함부로 침범하지 않습니다. 과장해서 말하자면 방이란 본인의 성채이자 성역입니다. 아무리 난잡하고 더러운 방이라도 마음대로 들어가서 청소하거나 쓰레기를 버리는 것은 좋지 않습니다. 부모는 먼저 본인의 방의 공간적인 가치를 존중하는 자세를 명확하게 보일 필요가 있습니다. 이는 예를 들면 허락 없이 문을 열지 않는다든가 말을 걸 때는 문을 닫아 놓은 채로 건다든가 방을 청소할 때는 반드시 본인의 승낙을 받는다와 같은 사소한 노력입니다. 동시에, 프라이버시의 경계를 분명히 하기 위해서라도 거실과 같은 공용 공간에는 가능한 한 본인의 물건을 두지 않게 해야 합니다. 이미 그렇게 하고 있다면 차분히 이야기를 나눠서 치우게 해야 합니다. 이것 또한 '수용을 위한 틀'을 명확히 하는 데 빼놓을 수 없습니다.

현 상태를 유지하는 것이 기본

히키코모리 치료 중에는 본인의 소속이나 가족의 생활 환경 등을 크게 바꾸는 것은 되도록 피해야 합니다. 구체적으로 말하자면 퇴학이나 퇴직, 이직, 이사, 집을 새로 짓는 일은 가급적 피하거나 연기해야 합니다. 특히 학교나 직장에서 오는 좌절감이 강한 경우에는 틀어박히기 시작하면 퇴학이나 퇴직을 절실히 희망하게 됩니다. 그러나 본인이 원하는 대로 자퇴나 퇴직을 했더니 갑자기

기운이 없어지고 우울해지는 경우도 자주 볼 수 있습니다. 학교나 직장에 적이 있다는 것은 틀어박힌 본인에게 항상 암묵적인 스트레스를 줍니다. 그렇기 때문에 본인은 그러한 소속을 떨쳐 내고 빨리 편해지길 바랍니다. 하지만 막상 그만두게 되면 이번에는 자신이 사회 어디에도 속해 있지 않다는 사실을 한층 무겁게 느끼게 되지요. 비록 학교로 돌아갈 생각이 없더라도 학생증은 없는 것보다 있는 것이 좋습니다. 만약 그렇게 요구하더라도 다소간의 설득을 통해 소속을 남기는 편이 좋습니다.

이사도 마찬가지입니다. 이웃의 시선이 신경 쓰인다는 이유로 본인이 이사를 요구해서 부득이 이사를 결심하더라도 본인의 히키코모리 상태는 조금도 바뀌지 않고 오히려 악화되는 경우도 있습니다. 여기에도 몇 가지 이유가 있습니다. 종종 본인이 "환경이 나쁘기 때문에 이렇게 되었다"라고 생각하기도 합니다. 그러나 실제로는 틀어박힌 생활로 인해 대인 관계나 타인의 시선에 과도하게 민감해지기 때문에 이사를 해도 그러한 상태는 바뀌지 않습니다. 심지어 본인이 "가족에게 괜한 부담을 떠안겼다"라며 크게 후회하기도 합니다. 이것이 가족에 대한 약점이 되어 의사소통을 한층 더 가로막아 버리는 것이지요.

다만 성공적인 이사 사례도 없는 것은 아닙니다. 본인만을 위해서가 아니라 가족 모두의 결정에 따라 이사하는 모양새가 된다면 잘 풀릴 가능성도 있습니다.

5. 가정 내 폭력의 슬픔

'감수하는' 식으로 대처하는 것은 잘못

사회적 히키코모리 사례는 높은 비율로 이른바 '가정 내 폭력'을 동반합니다. 이것이 히키코모리 문제를 한층 더 다루기 어렵게 만듭니다. 사소한 일로, 혹은 가끔씩 아무 이유도 없이 갑작스럽게 일어나는 폭력은 가정의 분위기를 황폐하게 만들고 맙니다. 어색하고 딱딱한 침묵이 온 가정을 지배하고, 가족은 당사자의 표정이나 몸짓이 조금만 변해도 겁을 먹으며 하루하루를 보내도록 강요받습니다.

특히 어머니가 폭력을 당하기 쉬우며, 표면적으로는 오랜 시간 동안 마치 노예처럼 취급당하는 경우도 종종 있습니다. 과장이 아니라 24시간 동안 완전히 밀착된 생활이 이어지면서 푹 잘 수 있는 시간조차 빼앗겨 버립니다. 한밤중에 깨어나 뜬금없이 본인의 오래된 원망을 몇 시간이나 끝없이 듣게 됩니다. 그러다가 "반응이 마음에 들지 않는다"라면서 불합리한 폭력이 시작됩니다.

몇몇 사춘기 문제의 전문가들은 이런 폭력을 감수해야 한다고 조언하기도 합니다. 마음이 풀리면 폭력이 가라앉기도 하거니와 폭력을 휘두를 만한 행동을 부모가 그전부터 저질러 왔기 때문이라는 것이 그 이유 같습니다. 그러나 임상 현장으로 되돌아간다면 이는 그저 잘못된 대응일 뿐입니다. 틀렸을 뿐만 아니라 때로는 폭력을 조장하기까지 합니다. '자발적으로 폭력에 노출된다' 같은 행위는 위험한 도발에 지나지 않기 때문입니다.

뒤에서 다시 논하겠지만, 가정 폭력의 저변에는 '슬픔'이 깔려 있습니다. 단순한 공격성이라면 아마 "마음이 풀리는" 상황도 생길 수 있겠지요. 그러나 가정 폭력은 그러한 후련함과는 아무 관계도 없습니다. 폭력을 휘두르는 만큼 그 자신을 상처 입히고, 폭력을 휘두르는 자신이 용서가 안 되지만 그렇게 '용서할 수 없는 나'를 키운 것 역시 부모라는 자책과 추궁의 악순환이 있을 뿐입니다.

"폭력을 휘두를 만한 짓을 부모가 해 왔다"라는 견해 또한 옛날의 '모원병'* 등으로 거슬러 올라가는 '범인 찾기'의 논리입니

---

* 母原病. '어머니가 원인인 병'이라는 뜻으로, 아이가 통원 치료를 하고 약을 먹어도 낫지 않는 병이 있다면 그러한 병이나 증상의 원인을 어머니가 제공했을 수 있다는 견해. 병이나 증세로는 지속적인 감기나 야뇨증, 천식 등이 있다. 소아정신과 의사 규토쿠 시게모리久德重盛의 1979년 저서 『母原病』으로 유명해진 개념이며, 한국어 및 중국어 등 여러 언어로 번역되어 소개된 바 있다. 이 책의 저자인 사이토는 모원병의 개념을 비판적으로 보고 있지만 여전히 모원병의 개념은 일본 국내외로 상당한 영향력을 가지고 있다. — 옮긴이 주.

다. 이와 관련하여 저는 흥미로운 사실 한 가지를 발견했습니다. '사회적 히키코모리'나 '가정 내 폭력'의 사례에서는 전통적 의미에서의 '유아 학대'를 받았던 경우가 거의 없었습니다. 물론 이는 '진찰실에서 받은 인상'에 지나지 않기 때문에 일반화할 수 있을지는 모르겠지만, 실제로 아동 학대 피해자도 치료해 왔던 경험에서 볼 때 그 이유를 추측할 수는 있습니다. 심각한 학대 경험자는 보다 병리성이 깊은 '해리성 동일시 장애(이른바 다중 인격)'나 'PTSD(외상 후 스트레스 장애)'를 일으키지만, 가정 내 폭력을 통한 '부모에 대한 복수'는 상상조차 하지 못하는 경우가 많습니다. 오히려 학대 희생자는 자신이 가정을 꾸렸을 때 아내나 아이에게 폭력을 휘두르는 경우가 많아 보입니다.

과거의 원한을 마주하는 것은 대화를 나누는 방법에서 다루었기 때문에 반복하지는 않겠습니다. 본인의 원한을 말로 충분히 듣는 것, 그리고 동시에 그 말에 휘둘리지 않아야 한다는 것만 강조하겠습니다.

'폭력의 거부'라는 입장

제 기본적인 입장은 '폭력을 거부해야 한다'라는 것입니다. 정당한 '체벌'이든 공감할 수 있는 '복수'든, 방법론적으로 모든 폭력은 부정되어야 합니다. "방법론적으로"라는 말은 제도로서의 체벌은 부정하더라도 굳이 제도를 어기고 이루어지는 체벌 중에는 긍정할 수밖에 없는 것도 있다는 뜻이지만, 그것은 또 별개의 이야기입니다.

앞서 "거부"라고 했는데, 물론 그것은 폭력과 '대결'한다는 의미는 아닙니다. '대결' 또한 폭력을 조장할 뿐이기 때문입니다. 폭력의 거부란 '폭력을 억누르기 위한 폭력'조차 거부하는 것입니다. 힘으로 가정 내 폭력을 제압하려 한다면 거의 확실하게 실패합니다. 폭력은 폭력의 연쇄를 낳을 뿐이라는 하나의 상식을 여기에서 다시 한번 확인하고자 합니다.

가정 내 폭력에 대해서도 '거부'로 맞설 수밖에 없다는 것까지는 이해가 가지요. 그러나 '거부'하는 방법은 사례에 따라 다양해집니다.

가정 내 폭력의 심각성 또는 어려움은 폭력의 내용에 따라 결정되는 것이 아닙니다. 오히려 '폭력이 지속되는 기간'이 문제입니다. 대단히 격렬한 폭력이라도 아직 시작된 지 몇 주 안 됐다면 비교적 대처하기가 용이합니다. 하지만 그다지 격렬하지 않더라도 몇 년이나 지속되어 만성화된 폭력이라면 대응하기가 대단히 어렵습니다. 여기서는 비교적 대응하기 쉬운 '초기 폭력'과 장기화되고 꼬여 버린 '만성적 폭력' 두 가지로 나누어 그 대응 방법을 구체적으로 논하고자 합니다.

고통을 혼자서 감당할 수 없는 '슬픔'

어떻게 대응을 하든 우선 폭력의 배경을 충분히 이해할 필요가 있습니다. 폭력을 휘두를 수밖에 없는 기분을 어떻게 이해할 수 있을까요?

객관적인 사실이 어떻든, 본인은 지금까지의 인생이 참담했을 뿐이라고 굳게 믿습니다. 입시에 실패했던 일이나 자신의 외모, 연인이나 친구를 만들 수 없었던 일, 희망했던 회사에 들어가지 못했던 일 등, 본인은 지금까지의 자신의 역사를 마치 실패의 연속처럼 느끼고 있을 테지요. 그들이 간신히 자살의 유혹에 빠지지 않은 것은 '실패'를 정말로 남의 탓으로 돌리고 있기 때문입니다.

그러나 본인이 꼭 "내가 이렇게 된 것은 부모 탓"이라고 확신에 빠진 것은 아닙니다. 가정 내 폭력 사례를 치료하다 보면 거의 모든 사례가 "나는 그저 부모에게 폐만 끼쳐 온 글러 먹은 인간이다"라고 고백합니다. 이 또한 그들의 본심입니다. 이렇게 그들은 자책과 추궁 사이에서 분열되어 마음이 편치 못한 나날을 보내고 있습니다. 정신분석가인 간다바시 조지神田橋條治 씨가 지적하는 것처럼 가정 내 폭력의 배후에 있는 감정은 '증오'가 아니라 '슬픔' 입니다.

초기에는 자극하지 않는 것이 기본

초기의 가정 폭력을 진정시키기 위해 우선 지켜야 할 일은 '자극하지 말 것'입니다. 간단해 보이지만 이는 의외로 어렵습니다. 이를 확실하게 성공시키기 위해서는 어떤 것이 당사자를 자극할 수 있는지를 정확하게 알아 두어야 합니다. 폭력을 휘두를 수밖에 없을 정도의 '슬픔'이 어떻게 일어났는가? 본인의 열등감을 자극하지 않고 '수치스러움을 느끼지 않게' 하기 위해 무엇에 신경써야 하는가? 이를 알기 위해서는 히키코모리 사례와도 공통되는 그들의 갈등 양상을 공감적으로 이해하는 일부터 시작해야 합니다. 그리고 매우 초기의 가정 내 폭력 사례라면 이러한 이해와 의사소통이 충분히 이루어지기만 해도 폭력이 말끔히 해소되는 경우도 있습니다.

타인의 개입

그렇다면 상당히 심각하고 장기에 걸쳐 지속된 폭력이라면 어떨까요? 이 경우는 말할 것도 없이 대응이 현저하게 어려워집니다. 만성화된 사례의 경우, 잔재주를 부리는 정도로는 꿈쩍도 하지 않는 경우가 많기 때문입니다. 아니, 그 이전에 대응 방법을 바꾸는 것조차 어려워진 상태입니다. 부모가 그야말로 뱀 앞의 개구리처럼 움츠러들어 꿈쩍도 못 하는 상태에 놓여 있는 것입니다. 이만큼 악화된 사례에 대해 대체 어떤 해결책을 제시할 수 있을까요?

비교적 온건한 방법으로 고려할 만한 것은 타인을 개입시키는 일입니다. 이는 물론 누군가에게 폭력의 중재자가 될 것을 요구한다는 뜻이 아닙니다. 그보다는 가정 내에 다른 누군가가 들어오는 정도면 충분합니다. 어머니에게 심한 폭력을 휘두르는 아들이 여동생의 약혼자가 동거하게 된 후로 폭력을 전혀 휘두르지 않게 된 사례도 경험한 적이 있습니다. 물론 본인은 타인이 끼어드는 것을 몹시 싫어하지만, 일단 타인을 받아들이게 되면 그것이 폭력을 진정시키는 계기가 되기 쉽습니다.

여기서 말하는 "타인"에는 '경찰'도 포함되어 있습니다. 폭력의 정도에 따라서는 물론 경찰에 신고하는 것도 염두에 두어야 합니다. 다만 이는 "경찰이 뭔가 해 주겠지"라서가 아닙니다. 가정 내 폭력의 사례에서는 가족의 신고를 받고 경찰관이 달려가 보니 폭력이 완전히 진정된 경우가 대부분입니다. 알고 계시는 바와 같이 경찰은 현행범도 아닌 당사자에게 기껏해야 설교 정도밖에 할 수 없습니다. 하지만 그걸로도 충분합니다. 중요한 것은 '가족은 경우에 따라 경찰을 부를 정도의 각오를 하고 있다'라는 점을 이해시키는 일입니다. 마찬가지의 의미로 경비 회사와 계약을 해 두고 폭력이 일어나면 경비원을 부르는 것도 의미가 있을지 모릅니다. 가족에 따라서는 '그런 짓을 하면 나중에 보복당할까 봐 두렵다'라고 여겨서 체념하는 경우도 많지만, 이는 잘못된 가족의 태도입니다. 신고해야 할 때는 단호하게 신고하고 이를 반복해야 합니다. 그렇게 의연한 태도를 취한다면 '보복'의 우려는 거의 없다고 할 수 있습니다.

또 한 가지, 폭력을 거부하기 위해서 제가 종종 조언하는 방식은 '가족의 피난'입니다.

폭력과 대결하지 않고 폭력을 거부하기 위해서는 폭력이 일어나는 곳에서 피난을 가야 합니다. 물론 가족에게 커다란 부담이 될 수 있겠지만, 적절하게 이루어진다면 확실한 효과를 기대할 수 있습니다. 그 구체적인 방법에 대해 설명하기 전에 확인해 둘 것이 있습니다. 그것은 이러한 방법이 효과가 큰 만큼 리스크를 동반한다는 점입니다. 또한 타이밍을 놓쳐 버리면 실패할 가능성도 분명히 있습니다. 따라서 치료로서의 '피난'을 실천하는 경우에는 전문가와 연대할 필요가 있습니다.

'피난'—어떤 가족의 사례

여기에서는 제가 경험한 사례에 기반하여 실제로 어떻게 일을 처리해 가는지 설명하도록 하겠습니다. 사례는 물론 픽션이지만, 세부적인 것은 모두 실제 사례에 따르고 있습니다.

이미 10년 이상 히키코모리와 가정 내 폭력이 지속되고 있는 사례. 물론 본인은 치료를 받으러 나타나지 않았다. 폭력의 대상은 오로지 어머니와 다섯 살 터울의 고등학생인 남동생이었다. 폭력을 일으키는 계기는 항상 사소한 불만에서 왔다. 어머니의 식사 준비가 늦다거나 동생이 TV 게임을 같이 해 주지 않는다, 욕실의 수건을 새것으로 바꾸어 놓지 않았다, 자신이 없을 때 가족이 즐거운 듯이 웃고 있다 등이 트리거가 되어 격렬한 폭력을 휘두르기 시작했다. 장남 방의 벽은 이미 구멍투성이가 되었고 멀쩡한 가구는 하나도 없었다. 특히 피해를 입기 쉬웠던 어머니는 멍과 상처가 끊이지 않는 상태였다. 그러나 본인은 심하게 난동을 피운 후에 울면서 어머니에게 사과했다. 어머니의 몸을 살피면서 절대로 그런 행동을 하지 않겠다고 맹세했다. "그런 태도를 보고 있자니 그만 불쌍하다는 생각이 들어 곁에서 뭔가 해 주고 싶어진다"라고 어머니는 말했다. 이처럼 헌신적인 어머니는 적지 않겠지만 이러한 관계야말로 앞에서 말했던 '공의존' 관계와 마찬가지라는 점은 새삼 강조할 필요도 없을 것이다. 장남의 생활은 상당히 불규칙했고, 깨어 있는 내내 어머니를 곁에서 시중들게 했다. 그 때문에 어머니는 바깥에도 잘 나가지 못하고 온종일 장남을 따라다녀야 했다. 만성적인 수면 부족이 이어졌고 집에서 긴장이 끊이지 않았다. 회사원이었던 아버지는 한번은 폭력을 말리려고 했다가 거꾸로 심하게 구타를 당하고 난 후 거의 일로 도피해 버린 상태였다. 치료자가 몇 번이나 피난을 권유했지만 어머니는 둘째 걱정에 도망가려 해도 도망갈 수 없는 상태가 이어지고 있었다.

그러나 둘째가 대학에 진학하면서 자취를 시작하게 됨으로써 어머니는 겨우 피난 권고를 따르겠다고 마음먹게 되었다. 나는 바로 부모와 만나 피난 계획을 세웠다. 아버지의 도움을 받을 수 있을지 걱정되었지만 피난할 뜻을 밝히자 기꺼이 힘을 보태겠다고 했다.

장남의 폭력은 거의 매일 이어졌는데, 그때마다 강약의 차가 상당히 컸다. 꼬집거나 쿡쿡 찌르는 정도로 약한 폭력이 며칠 계속되는가 싶다가 돌발적으로 어머니의 목을 조르거나 등을 세게 걷어차는 등의 격렬한 폭력도 휘둘렀다. 피난을 가는 데는 타이밍이 중요하기 때문에 일단 그 타이밍을 신중하게 재 보기로 했다.

어느 날, 커다란 폭발이 일어났다. 동생이 집을 떠난 후 어머니는 매주 일요일, 빨래나 식사 준비를 위해 동생의 아파트를 찾아갔다. 그런 날은 종종 늦게 집에 돌아와 장남이 짜증을 냈던 모양인데, 어머니가 집에 돌아오자마자 장남이 달려들어 머리를 세게 때렸다. 상당히 심하게 때렸기 때문에 어머니는 잠시 동안 의식을 잃고 그 자리에서 쓰러져 버렸다.

쓰러진 어머니를 보고 장남은 당황하기 시작했다. 일요일이라서 집에 있었던 아버지를 불러 "빨리 구급차를 불러, 아들한테 맞았다고 해!"라고 화를 내며 소리쳤다. 아버지는 이야기를 듣는 즉시 구급대

원을 불렀고, 자기도 같이 가겠다는 아들을 제지하고 집을 보라고 한 후 집 근처에 있는 응급 병원으로 어머니를 후송했다. 병원에서 진단을 기다리면서 아버지는 나에게 연락을 취했고, 나는 다음과 같이 지시했다.

"어머니의 용태가 심각하지 않더라도 꼭 입원시키고 싶다고 부탁해 보십시오. 그렇게 할 수 없다고 한다면 어쨌든 오늘 밤만이라도 머무를 수 있는 장소를 마련해 주십시오. 장남분에게는 바로 연락해서 당분간 입원하게 되었다고 전해 주십시오. 그리고 설교만은 절대로 하면 안 됩니다."

다행히도 어머니는 가벼운 뇌진탕과 피하 출혈을 일으킨 정도라서 입원할 필요는 없다고 판단되었다. 아버지는 그래도 근처의 호텔 방을 잡고 그곳에서 장남에게 전화를 걸었다. 장남은 대단히 동요했던 모양이다.

장남: "나 때문에 엄마가 죽거나 장애가 생기면 자수해서 감옥에 갈 거라고!"

아버지: "엄마가 그렇게 심각하지는 않지만 어쨌든 한동안 입원해서 여러 가지 검사가 필요한 모양이야."

장남: "그러면 내가 엄마를 곁에서 간호할 테니 병원이 어딘지 말해!"

아버지: "너한테 맞았다고 의사 선생한테 말했더니 당분간 면회하지 않는 게 낫다고 했어. 그러니까 알려 줄 수 없다."

본인은 절대로 다시는 그러지 않겠다면서 가르쳐 달라고 했지만 아버지는 나의 지시대로 완강히 거부했다.

다음 날 어머니가 집에 전화를 걸었다. 장남은 간밤에 전혀 잠을 못 잔 것 같았다.

장남: "엄마, 미안해. 아직 아픈 데가 있어? 언제 집에 와?"

어머니: "상처는 별로 크지 않은데 검사를 이것저것 해야 해서 금방 돌아갈 수는 없는 것 같아. 당분간은 아빠랑 둘이서 잘 지내야 해."

장남: "알았어. 진짜 미안해. 이제 나 싫어진 거야? 내버릴 거야?"

어머니: "그럴 리가 있겠니. 그래도 의사 선생님이 그러라고 해서 한동안은 면회도 안 되니까 전화는 매일 할게."

장남은 그래도 어머니에게 빌면서 만나러 가고 싶다고 계속해서 애원했고, 좀처럼 전화를 끊지 않았다. 어머니는 어쩔 수 없이 이야기하는 도중에 수화기를 내려놓았다. 이것 또한 내가 "전화는 정기적으로 하되 반드시 5분 내에 끊을 것"이라 지시한 대로였다.

결국 어머니는 당분간 둘째의 아파트에 머무르게 되었다. 아버지는 바로 집에 돌아가서 장남과 둘이서 생활을 시작했다. 일단 둘이서 살게 되니 장남은 의외로 순순히 집안일도 하게 되었고 폭력은 완전히 자취를 감추었다. 어머니는 하루 걸러 하루 정도로 전화를 걸었고, 장남은 그날을 손꼽아 기다렸다.

그런 생활이 2주 정도 지났을 때 나는 다시 부모와 만났다. 지금까지는 내가 예상했던 대로 상황이 전개되었기 때문에 나는 다음과 같이 지시했다.

"슬슬 퇴원하지 않으면 부자연스럽겠지만 아직은 집에 돌아가면 안 됩니다. 지금 돌아가면 반드시 폭력이 재발하기 때문입니다. 이번에 아들에게 전화할 때는 다음과 같이 말하십시오.

'검사 결과를 보니 크게 이상한 데는 없다고 해서 퇴원하게 되었다. 하지만 엄마는 이번에 입원하면서 이런저런 생각을 했다. 실은 전문가와도 상담을 했다. 엄마는 이제 폭력이라면 지긋지긋하다. 네가 폭력을 완전히 그만둘 때까지 엄마는 집에 돌아가지 않기로 했다. 아빠도 찬성했다.'

분명 아이가 화를 내겠지만 이건 '상담'이 아니라 '선언'입니다. 아이가 울든 소리치든 결코 물러서지 마십시오. 여기서 꺾이면 지금까지의 노력이 전부 허사가 됩니다."

어머니는 동의했고 다음에 전화를 걸 때 바로 내가 지시했던 대로 장남에게 말했다. 처음에 장남은 "다시는 죽어도 난리를 피우지 않을 테니까 집에 돌아와"라면서 계속 애원했다. 그렇지만 어머니의 결의가 흔들리지 않자 예상대로 화를 내기 시작했다.

장남: "나를 무시하는 거야? 나를 이렇게 키운 책임도 안 지고 도망치겠다는 거지. 동생만 챙겨 주고. 그렇게 비겁하게 굴 거면 집에 돌아올 생각은 마!"

어머니: "엄마는 너한테 10년을 당하고 살면서도 돌봐 줬으니까 할 수 있는 건 다 했어. 이제부터 빚진 것도 갚을 것도 없는 셈 칠게. 당분간 안 들어갈 거지만, 거긴 엄마 집이기도 하니까 기분이 내키면 돌아갈 거고 전화도 할 거야."

그래도 장남은 절대로 돌아오지 말고 전화도 하지 말라며 격분했지만 어머니는 상대하지 않고 전화를 끊었다.

그 후에도 어머니는 정기적으로 전화를 걸었다. 처음에는 전화 받기를 거부하던 장남도 며칠 후에는 다시 이야기하게 되었다. 아이의 화제는 변함없이 "돌아와"라며 애원하거나 "돌아오지 마"라며 소리치거나 둘 중 하나였다. 마주하면 저도 모르게 움츠러들었던 어머니도 전화를 할 때는 거의 이상적으로 대응했다. 반드시 정기적으로 전화를 걸고 아이가 무슨 말을 해도 냉정하게 반응했다. 이를 지속적으로 반복하는 것이 이때의 중요한 포인트였다.

별거 생활이 2개월 정도 지났을 때 장남의 태도도 점차 진정되었다. 고함은 거의 지르지 않게 되었지만 대신에 빈정거리거나 비꼬는 경우가 늘었다. "돌아와"라고는 하지 않게 되었으나 "도망치니 편하고 좋겠네"라든지 "엄마 집이니까 돌아오고 싶으면 맘대로 해" 같은 식이었다. 슬슬 다음 대응 방식으로 넘어갈 때였다. 나는 어머니에게 때를 살펴서 잠시 집으로 돌아가 볼 것을 권했다.

어머니는 처음에 상당히 망설였다. 무리도 아니었다. 10년 만에 폭력이 없는 평화로운 일상을 맛보게 되면 예전 생활의 비정상성 공포는 한층 강하게 느껴지기 때문이다. 그러나 이는 어머니의 구원과 동시에 장남의 치료가 최종 목적이었다. 나는 상당히 완강하게 어머니를 설득했고 겨우 동의를 얻게 되었다.

집에서 나온 지 두 달이 조금 지난 어느 날, 어머니는 항상 그랬던 것처럼 장남에게 전화를 걸어서 아주 당연하다는 듯이 "내일 일이 있어서 집에 간다"라고 했다. 장남은 놀랐던 것 같지만 일단 "알았다"라고 답했다. 하지만 잠시 이야기하는 사이에 점점 화가 났는지 "도망간 주제에 이제 와서 뭐라는 거야. 오지 말라고 했지, 집에 와도 절대로 들여보내지 않을 거니까 각오해!" 같은 소리를 했다. 그러나 어머니는 끝까지 냉정하게 "그러지 말고, 오랜만에 같이 밥 먹자"라면서 대화를 마쳤다.

다음날, 결의를 다진 어머니가 집에 돌아가 보니 장남은 밖에 나가고 없었다. 어머니를 내쫓을 수도 없거니와 얼굴을 마주하면 화가 나기 때문이었을까. 어머니는 잠시 동안 장남을 기다려 봤지만 저녁이 되어도 돌아오지 않아 포기하고 돌아왔다. 그런데 몇 번인가 그러한 시도를 반복하자 장남은 겨우 어머니와 마주할 기분이 생겼던 모양이다. "아빠가 지은 밥은 질렸으니까 가끔씩 저녁밥 하러 와"라는 말이 그 신호였다.

그날, 3개월 만에 드디어 어머니는 장남과 얼굴을 마주했다. 아이는 겸연쩍은 모양이었으나 독설을 내뱉거나 하진 않았고, 어머니가 지은 저녁밥을 깨끗이 비운 후 그대로 자기 방으로 들어가 버렸다. 이를 기회로 어머니는 집에 자주 돌아가게 되었다. 그리고 나의 지시를 받아 며칠 동안 머물러 보기도 했다. 장남은 때때로 "도망칠 구석이 있어서 속 편하고 좋겠네. 나같이 글러먹은 인간은 그럴 곳조차 없는데"처럼 빈정대기도 했지만 두 번 다시 폭력을 휘두르지는 않게 되었다.

폭력을 진정시키기 위한 기본 방침

이 사례에서는 어머니가 완전히 집으로 돌아가기까지 결국 약 4개월 정도의 시간이 걸렸습니다. 돌아간 지 1년 정도 지난 지금도 폭력은 전혀 재발하지 않고 있습니다. 때때로 말투는 명령조가 되기도 하지만 어머니와의 관계는 폭력이 없어진 만큼 무척 안정되었습니다. 또한 아버지와의 관계가 극적으로 개선되었다는 점도 쓰지 않을 수 없겠군요. 그때까지 거의 말도 하지 않던 아버지와 가끔씩 드라이브를 하러 가는 등, 양호한 관계가 지속되고 있습니다. 본인은 폭력을 휘두르지 못하게 되어 스트레스가 쌓일 것 같았지만 오히려 식욕이 생기거나 외출 빈도가 늘어나는 등 활동성도 높아진 듯합니다. 폭력을 거부함으로써 폭력을 단념하게 만든 것은 결과적으로 매우 유의미했다고 할 수 있겠지요.

이는 앞서도 말했던 것처럼 픽션이지만 세부적인 내용은 실제 사례에 바탕을 두고 있습니다. 또, 특별하게 잘 진행된 사례를 든 것도 아닙니다. 저는 이미 가정 내 폭력으로부터의 피난 시도를 열 차례쯤 지시했으며, 모두 폭력을 진정시키는 데 성공했습니다. 요컨대 기본 방침을 확실하게 세워 두고 대응한다면 가정 내 폭력을 가라앉히기는 비교적 쉽습니다. 적어도 히키코모리 상태를 개선하는 것보다는 훨씬 확실하게 성과를 낼 수 있습니다. 여기에 든 사례에서 약간은 이상적으로 쓴 부분이 있다면 부모의 대응이 거의 제 지시대로 이루어졌다는 점 정도입니다. 안타깝게도 이만큼 치료자의 지시를 매끄럽게 이해하고 실행하는 경우는 드뭅니다. 역시 오랜 기간 이어진 습관을 고치기는 대단히 어려운 일이겠지요. 그러나 만약 충분한 대응이 가능하다면 당사자는 여기에 쓴 것과 마찬가지로 개선될 것입니다.

여기에서 다시 한번 피난을 시도할 때의 중점 사항을 정리해 보겠습니다.

- 치료자와 부모가 피난의 방침과 방법에 대해 충분히 토의할 것.

- 강한 폭력을 계기로 삼아 피난할 것('입원'이라는 구실이 꼭 필요한 것은 아님).
- 피난은 반드시 폭력이 일어난 당일에 완료할 것.
- 당일에 반드시 부모가 본인에게 전화를 할 것.
- 전화로 "지금부터 정기적으로 연락한다. 생활을 걱정할 필요는 없다. 언젠가는 돌아가겠지만 언제 갈지는 모른다. 어디 있는지도 알려 주지 않겠다. 폭력이 완전히 진정될 때까지는 돌아가지 않는다"라고 전할 것.
- 이 방침은 본인의 치료를 위해 전문가와 상담한 것이며, 가족 모두의 동의를 얻어 결정한 것임을 전할 것.
- 그 후에는 정기적으로 전화를 걸고 반드시 5분만 이야기할 것. 시간이 다 되면 도중에 끊을 것.
- 본인이 진정되었을 타이밍을 짐작하여 일시적으로 집에 돌아가거나 하룻밤 자고 가는 일을 반복할 것.
- 집에서 하루를 머무를 때 딱히 폭력도 없고 어머니와 침착하게 이야기할 수 있는 상태로 안정된 모습이라면 집에 돌아갈 것.
- 이상의 내용을 전문가와 밀접하게 연대하며 실시할 것.
- 부모는 폭력이나 협박에 굴하지 않고 성실하고 의연한 태도로 임할 것.
- 집으로 돌아갈 때 걸리는 기간은 다양한데, 가벼운 경우라면 1개월 정도로 충분한 효과가 있으며, 길어도 반년 정도에 집으로 돌아가는 경우가 많다.

'히키코모리'를 다루는 책이지만 가정 내 폭력에 약간 비중을 높게 두고 있는지도 모르겠습니다. 물론 그것은 제 나름의 생각이 있어서입니다. 앞서 말했던 것처럼 가정 내 폭력을 진정시키는 것이 그렇게 어려운 일은 아닙니다. 그럼에도 불구하고 히키코모리 사례를 겪고 있는 가족의 절반 가까이가 히키코모리 상태의 대응 이전에 폭력에 대한 대처로 머리를 싸매고 있습니다. 저는 그러한 우회로를 되도록 단축하기 위해 가정 내 폭력을 확실히 개선하기 위한 구체적인 방침을 제시했습니다. 폭력이 진정됨으로써 본격적으로 히키코모리에 대한 대책을 세울 수 있기 때문입니다.

6. 치료, 그리고 사회 복귀로

치료 시작의 지연

그동안 적절히 대응해 왔음에도 불구하고 생각했던 것과는 달리 잘 개선되지 않는 경우도 있습니다. 그리고 완전한 사회 복귀를 이끌어 내려면 가족의 대응만으로는 한계가 있습니다. 그 때문에 첫 단계부터 먼저 가족만이라도 전문 치료 기관과 상담할 필요가 있습니다. 제가 여기에서 치료 기관이라고 부르는 것은 거의 정신과로 한정되어 있습니다. 그 이외의 시설에 대해서는 저 자신의 경험이 충분치 않기 때문에 뭐라 하기 어렵습니다. 임상 심리사의 외래 카운슬링이나 심료내과*에 대해서는 "유효할 수도 있

---

* 원문은 "心療内科". 일반적으로 'Psychosomatic Clinic'으로 영역된다. 의사 자격이 없는 심리 치료사와는 달리 심료내과는 의사가 진료를 맡는다. 일반적인 정신과와 유사한 것처럼 보이지만, 정신과에서는 정신 분열증이나 우울 장애, 양극성 장애, 불안증, 발달 장애 등 폭넓은 정신 질환을 다루는 데 비해 심료내과는 심리적인

다"라는 약간 조심스러운 평가를 내리게 됩니다. 또, 다음과 같은 시설은 해로울 수 있기 때문에 미리 제외했습니다. 즉, 의사가 관여하지 않는 민간 수용 시설, 최면 요법, 자기 계발 세미나, 신흥 종교 등 모든 민간요법이 그것입니다.

'히키코모리 시스템'에서도 다룬 바 있듯이, 히키코모리 사례에서는 치료 상담의 시작이 늦어지기 마련입니다. 저희의 조사에 따르면 증세가 나타나는 시기가 15.5세임에도 불구하고 첫 번째 진료의 평균 연령은 19.6세였습니다. 즉, 증세가 나타나고 치료 기관을 찾아올 때까지 평균 4.1년의 시간이 경과한 셈입니다. 또한 증세가 처음 나타났을 때 학교 등에 소속되어 있지 않은 이는 2.5퍼센트뿐이었음에도 처음 진료를 받을 때에는 이미 45퍼센트가 소속을 잃은 상태였습니다. 왜 이렇게 치료를 시작하는 데 시간이 걸렸을까요?

첫 번째로 생각할 수 있는 이유는 이렇게 무기력한 히키코모리 상태가 사례로 잘 나타나기 어렵다는 것입니다. 조현병처럼 명백한 이상성이 없으며 본인의 갈등도 정상적인 부분과 병적인 부분의 경계가 애매한 상태이기 때문에 치료 의욕으로 바로 이어지기가 어렵습니다. 따라서 처음에는 주위에서도 종종 '게으름'이라 생각하고 정신과 외래를 왔을 때조차도 "정신병이 아니니까 내버려 두자"라든지 "게으름을 피우고 있는 것뿐이니까 육체노동이나

요인이나 스트레스로 몸에 증상이 나타나는 '심신증'을 주요 분야로 삼는다. 정신과의 다소 무거운 분위기와는 달리 심료내과는 비교적 가볍고 부드러운 인상이 강하며, 정신과와 심료내과를 병기하는 정신과도 늘어나는 추세에 있다. ― 옮긴이 주.

좀 시켜 보자"와 같이 대응을 하고 있는 것이 현실입니다.

게다가 히키코모리 사례에서는 첫 진료부터 당사자가 병원에 오는 경우는 거의 없습니다. 때문에 본인의 치료 의욕이 생기기를 기다리면서 우선 가족만이라도 정기적으로 상담을 다닐 필요가 있습니다. 그러나 현행 보험 진료 체제에서는(치료를 시작하는 데 불가결함에도 불구하고) 부모만을 길게 상담하기가 어렵습니다. 또한 개중에는 "본인이 오지 않으면 진료할 수 없다"라며 문전박대를 당하는 경우도 적지 않습니다. 이러한 사정이 직간접적으로 병원의 문턱을 높이고 있습니다. 따라서 우선 해야 할 일은 사춘기 사례를 많이 다루어 본 적이 있는, 부모만 상담에 와도 편의를 봐 주는 집 근처의 병원을 찾는 것입니다.

정신과를 어떻게 고를까

정신과를 선택할 때는 몇 가지의 포인트가 있습니다.

가장 신뢰할 수 있는 치료 기관은 대학의 부속 병원이라고 많이들 이야기하지만, 이는 별로 정확하지 않습니다. 히키코모리 치료에 관해 현재 시점에서 거의 모든 대학 부속 병원 정신과는 첫번째 선택지가 아니라고 생각해도 좋을 것입니다.

이름 높은 교수나 조교수 아래 우수한 의사가 모여 있는 장소라는 대학 병원의 이미지가 꼭 틀리다는 말은 아닙니다. 다만 대학이 연구와 교육을 위한 기관이라는 점을 잊어서는 안 될 것입니다. 대학 병원은 고도의 전문 시설이라는 안정감이 있기 때문에 대단히 붐빕니다. 의사도 밀려드는 환자를 앞에 두게 되면 진료가 간략화되거나 투박해지기 십상입니다. 또한 진료를 할 때는 종종 학생이나 연수의가 실습 목적으로 입회하기도 하는데, 특히 사춘기 사례에서는 이것이 부담이 되기 쉽습니다. 물론 견학을 거절할 수도 있지만 그렇게까지 하지는 않는 사람들이 많을 것입니다.

그렇다 하더라도 대학의 전문성에는 나름대로의 이용 가치가 있습니다. 검사 설비나 세세한 태도를 잘 견지하는 곳이 많기 때문에 초기에 체크를 할 때에는 유용합니다. 만약 당사자의 상태가 단순한 히키코모리 상태라고 생각되지는 않는다면 우선 대학 병원에서 상담을 받아 보는 것도 나쁘지 않겠지요.

대학 병원 이외의 일반 정신과를 찾으려면 어떻게 해야 할까요? 가장 빠른 것은 지역의 보건소와 상담해 보는 것입니다. 보건소에 따라 다르지만 히키코모리 사례에 대한 대응에 관심을 보이는 곳도 증가하고 있으므로 이를 위한 진료소 등을 소개해 주기도 합니다.

책으로 알아보는 방법도 있습니다. 도서관이나 서점에는 심리에 관한 전문서가 넘쳐 납니다. 그중에는 치료 기관의 가이드 북도 있습니다. 제가 가장 편리하게 여기는 것은 전국 정신장애인가족회연합회의 자료(권말의 참고 문헌 참조)입니다. 이 책에는 전국의 양심적인 정신 병원과 진료소 등이 꽤 상세하게 망라되어 있습니다. 자료를 찾을 경우 통원이 편리한지 등을 따져 보아서 여러 치료 기관을 골라 두고 먼저 전화로 문의해 볼 수도 있습니다. 그때 "사춘기 청년의 사례를 다루고 있는가"라든지 "당분간 본인이 갈 수는 없는데 부모만이라도 가 볼 수 있는가"라는 두 가지를 확인해 두도록 합니다.

개인적으로는 갓 개설한 개인 진료소나 클리닉을 추천합니다. 최근 젊은 정신과 의사들이 속속 개업하고 있습니다. 이들 중 상당수는 사춘기 문제도 거리낌 없이 대응하며 다양한 새로운 시도에도 의욕적으로 임하려고 합니다. 기술과 서비스라는 점에서 생각해도 좋은 치료 관계를 맺을 수 있는 계기를 기대할 만하겠지요.

통원 치료를 시작하기

치료 기관이 정해지면 일단 부모만이라도 잠시 상담을 진행하면서 대응 방법이나 환경 개선을 도모하게 됩니다. 이와 병행해서 본인도 서서히 통원 치료를 할 수 있도록 설득하게 됩니다.

우선 상황을 봐서 본인에게 부모가 정기적으로 치료를 받고 있음을 알려 줍니다.

"네가 걱정돼서 상담을 다니고 있어. 담당 의사는 가능하면 너도 만나 보고 싶다고 하네"와 같이 정공법으로 담담하게 이야기하도록 합니다. 이 시점에서는 본인이 아직 진찰에 응하지 않는 경우가 대부분이기 때문에 너무 닦달하지 않는 것이 좋습니다. 부모가 병원에 다니는 것조차 "필요 없다"라며 싫어하는 경우도 있는데, "걱정이 되니까 부모만이라도 병원에 다니고 싶다"라고 설득하면 대체로 받아들입니다.

그 후에는 병원에 갈 때 반드시 나가는 길에 한마디라도 본인에게 같이 가자고 권유하도록 합니다. 전날까지 통원 이야기는 꺼

내지 말고 그날 아침에 이야기합니다. 히키코모리 사례의 경우 날이 바뀌면 마음도 바뀌어 버리는 경우가 매우 많습니다. 또, 권유를 하고 난 후 병원에 가는 날까지 시간이 너무 많이 남으면 병원에 가는 날을 기다리는 것이 미묘하게 부담으로 다가옵니다. 전날까지는 진찰받는다는 것에 납득을 했어도 막상 당일이 되면 싫다고 말하는 경우도 드물지 않습니다. 이것이 반복되면 본인도 가족도 점점 무기력해지고 병원에 가는 일을 넘을 수 없는 벽처럼 느끼게 되고 말지요. 그것을 방지하기 위해서라도 병원에 가자는 권유는 당일 아침에 하는 것이 좋습니다. 가기 싫다고 하면 무리하게 권하지 않은 채 부모만이라도 상담을 다니고, 집에 돌아온 후 진찰 결과와 다음번 병원에 가는 날을 알려 줍니다. 병원에 가는 날을 달력에 써 두는 것도 좋은 방법입니다.

이러한 시도를 계속하면 본인도 점차 관심을 보이기 시작합니다. "오늘 담당 의사가 뭐라고 했어?"라고 물어보는 경우도 있습니다. 여기까지 왔다면 나머지는 시간문제라고 봐도 좋겠지요.

중요한 것은 치료자와의 신뢰 관계

정신과에서는 어떤 치료를 할까요? 이에 대해서도 간단하게 소개를 해 보도록 하겠습니다. 사회적 히키코모리에 대한 '치료법'에는 사실 별로 특별한 것이 없습니다. 특수한 수용 시설이나 심리 치료도 딱히 필요하지 않습니다. 하물며 약물만으로 낫는다든가 하는 문제도 아닙니다. 여기서 약물 요법에 대해 언급해 두자면, 히키코모리 상태 자체에 유효한 향정신성 약물은 존재하지 않는다고 해도 과언이 아닙니다. 몇 년 전부터 구미권에서 베스트셀러가 된 '프로작Prozac'이라는 항우울제가 있습니다. 부작용이 현격히 약해서 사용하기 편하다는 점 등으로 인해 "삶의 방식을 적극적으로 바꾸는 약"으로 매우 유명해졌습니다. 일본에서도 수입해서 복용하는 사람이 늘고 있는 듯합니다. 제가 경험한 사례에서도 프로작을 복용해 본 사람이 몇 명 있긴 하지만 히키코모리 상태에서는 전혀 효과가 없었습니다. 오히려 공격성을 보이거나 폭력적이 되는 등 바람직하지 않다는 인상이 남았습니다. 물론 약효를 평가하기 위해서는 앞으로 시간을 들여서 살펴봐야겠지만 저는 그다지 기대하고 있지는 않습니다. 실제로 히키코모리 사례에서는 소량의 항우울제나 항불안제 등을 대증 요법적으로 사용하는 경우가 대부분입니다.

히키코모리 사례의 치료에서 가장 큰 의미를 가지는 것은 치료자와의 깊은 신뢰 관계입니다. 앞서 소개한 의사의 설문 조사에서도 "치료자와 장소를 공유"하는 데에 의미가 있다는 대답이 여러 번 나왔습니다. 여기에서도 본인과 공감하고 일정한 신뢰 관계를 쌓으며 장기간 '장소를 공유'해 나가기 위한 테크닉이 필요할 것입니다. 이렇게 특별할 것 하나 없는 정신 요법의 극히 기본적인 기술이 히키코모리 치료에서는 가장 중요합니다. 제 자신이 치료했던 경험을 되돌아보자면, 여기서 말한 것 이상으로 특수한 기술을 필요로 했던 적은 없습니다.

그리고 치료자 또한 '기다리는 것'을 감내해야 하는 입장에 있습니다. 여기서도 초조해하지 말고 변화를 기다리는 능력이 관건입니다. "시간이 해결해 준다"라는 말이 있지만, 결국 시간을 들여 꾸준한 노력을 계속해 나가는 것보다 더 좋은 방법은 없다고 생각합니다.

사회 복귀로 가는 길

대응이 어느 정도 성공하고 가정의 분위기가 편해져서 가족 간의 의사소통도 깊어졌다면 더 적극적인 대응을 진행하게 됩니다. 이후 본인이 더욱 '성숙'해지도록 하기 위해 가장 중요한 것은 '가족 이외의 인간관계'입니다. 그런 의미에서 가정 내에서 상태가 안정되면 조금씩 활동을 바깥쪽으로 이끌어 내야 합니다.

다만 초기의 히키코모리 사례나 대인 관계를 이어 나가는 데 어려움을 느끼는 비교적 가벼운 사례의 경우, 가정에서 적절하게 대응하기만 해도 당사자가 혼자서 바로 사회 복귀를 이루는 경우도 있습니다. 여기서부터는 대인 관계를 만드는 능력의 정도에 따라 경과가 많이 다릅니다. 그리고 대인 관계 능력이란 다른 사람과 맺는 관계 속에서만 얻을 수 있는 능력이기도 합니다. 어떻게 해야 '실제 인간'을 만나서 접촉하는 경험을 거듭해 나갈까요? 이는 때때로 매우 어려운 문제가 되기도 합니다.

물론 찾으려고만 한다면 경로는 얼마든지 있습니다. 먼저 일반적인 부분부터 알아보겠습니다. 예를 들면 아주 간단한 아르바이트나 문화 센터, PC나 워드프로세서 교실, 영어 회화 학교, 요리 교실, 자원 활동, 운전면허 학원 등과 같이 실용적이면서 본인에게 심리적인 부담을 거의 주지 않는 곳이 있습니다. 어떤 장소가 좋을지는 본인과 함께 생각해 봐도 좋을 것입니다.

원래부터 대인 관계에 상당한 어려움이 있는 경우에는 종종 이 단계가 넘기 어려운 벽이 되기도 합니다. 집 안에서는 안정되어 있어도 바깥으로 한 발자국도 내딛지 못하는 상황이 계속되고 맙니다. 다양한 기회를 잘 살리지 못하고 점차 자신감을 잃어 그만 히키코모리가 심해집니다. 앞서 소개한 바와 같은 사회 복귀 경로조차도 그들에게는 아직 문턱이 너무 높습니다. 저는 경우에 따라 보건소나 정신 보건 센터에서 이루어지고 있는 정신 장애인을 위한 데이케어 활동을 소개하는 경우도 있습니다. 또, 데이케어와 관련해서 말하자면 다양한 작업소* 활동을 할 수 있는 곳의 이용 가치가 높습니다. 다만 유감스럽게도 많은 히키코모리 사례가 자존심 때문에 이러한 장소를 거부하기 일쑤입니다. 그래도 잘 다니기만 한다면 다양하고 의미 있는 성과를 기대할 수 있기 때문에 사회로 복귀하는 경로의 유력한 후보로 염두에 두면 손해는 없을 것입니다.

이러한 '사회 복귀로 가는 경로'를 생각하는 데 있어 또 하나 중요한 것은 본인의 자발성입니다. 주위에 깔린 레일을 따라 계획대

---

* 이에 대해 소후카이 사사키 병원爽風佐木病院의 사례를 거론할 수 있을 것이다. 저자인 사이토는 1998년에 이 병원에서 세계 최초의 히키코모리 전문 데이케어를 개설했다. 사이토는 그간 히키코모리 지원이 취업의 관점에서 진행되어 왔음을 비판하며, 히키코모리 당사자를 강제로 노동시장에 진입시키는 것이 오히려 부담과 상처가 될 수 있음을 지적했다. 이와 같은 관점에서 설립된 데이케어 센터에서, 입소자들은 그간의 작업소와는 달리 강제로 노동이나 훈련을 하지 않고 비슷한 처지의 다른 이들과 간단한 일과 놀이를 병행하며 대인관계를 재구축할 기회를 얻는다. ─ 옮긴이 주

로 깔끔하게 복귀하는 사례는 오히려 드뭅니다. 다양한 제안을 받고도 모두 거부하던 당사자가 뜻밖에 생각지도 못한 해결책을 자기 힘으로 발견하는 경우도 있습니다. 사실 이 경우 문제가 더 잘 풀립니다. 어떤 인상적인 사례에서는 몇 개월간의 히키코모리 생활 후에 집 근처의 낚시터에 가 보게 되었습니다. 그곳에는 낚시를 좋아하는 사람들 사이에 일종의 서클이 자연 발생적으로 만들어져 있었는데 당사자는 거기서 단골 손님이 되었습니다. 저도 그러한 만남은 전혀 예측하지 못했기 때문에 이는 대단히 기쁘고 놀라운 일이었습니다. 이와 같이, 실제로 본인이 자발적으로 발견한 경로보다 더 나은 것은 없습니다. 다만 이러한 일이 가능한 것은 비교적 경증이며, 치료 의욕도 있는 사례에 한정됩니다.

의미 있는 '아지트'의 시도

앞에서 데이케어에 대해 간단히 소개해 드렸습니다. 그러나 히키코모리 사례의 경우는 문제가 거의 대인 관계에만 한정되어 있으며, 생활 능력이나 다양한 기능에 대해서는 완전히 '정상'이기도 합니다. 이러한 경우에 정신장애인을 위한 코스를 선택하게 하는 것은 여러 가지 어려움이 따르기 때문에 일반화하기 어렵습니다. 히키코모리 사례가 대인 관계 기술을 획득하기 위해 치료의 일환으로서 이용할 수 있는 시설이나 경로를 이제부터 정비해 나갈 필요가 있겠지요.

제가 재적하고 있는 '청소년 건강 센터'에서는 대인 관계를 위한 일종의 '아지트'로서 M 클럽이라는 장소를 유료로 제공하고 있습니다. 저는 이 클럽의 스태프와 연계하여 지금까지 수십 건에 이르는 히키코모리 사례를 의뢰해 왔습니다.

1주일에 두 번, 두 시간씩 활동하는데 지금까지 거둔 성과 중에 눈부신 사례가 있습니다. 대인 관계의 어려움과 타인에 대한 공포감이 대단히 컸던 사람이 저의 권유로 이 클럽 활동에 참가했는데, 태어나서 처음으로 친밀한 벗을 만들고 여자아이와 대화를 하는 등 혼자서는 결코 얻지 못했을 자신감을 회복할 수 있었습니다. 이는 히키코모리 당사자에게 있어 말 그대로 보석 같은 체험이었다고 생각합니다. 물론 이러한 클럽을 자발적으로 이용해 볼 생각이 들 때까지 몇 년이나 걸리는 경우도 있습니다. 또, 클럽을 이용하기 시작해도 좀처럼 익숙해지지 못하고 탈락하는 사례도 없지는 않습니다. 그러나 조건이 갖추어져서 적절하게 이용한다면 어떤 의미에서 이런 장소는 뒤에 언급할 입원 치료보다 더 의의가 있을 수 있습니다.

어떤 만성적 히키코모리 사례는 클럽에 나가도록 권유받은 지 2년 만에 겨우 다니기 시작했는데, 그곳에서 친한 친구 몇 명이 생긴 것을 계기로 무척 활동적으로 변했습니다. 몇 가지 아르바이트를 경험한 후, 현재는 정시제 고등학교에 다니고 있습니다. 그 밖에도 아직까지 클럽을 이용하면서 봉사 활동을 시작한 사례, 거의 준사원*과 같은 대우로 아르바이트를 계속하고 있는 사례 등

---

* 인턴과 유사한 직위로, 법률상 명확한 정의가 존재하지는 않는다. 정규 사원과 아르바이트의 중간 정도에 있는 비정규직이며, 계약 기간이 정해져 있는 경우가 일반적이지만 정해져 있지 않은 경우도 존재한다. 보통 퇴직금이나 보너스를 받을 수

상당수의 성공 사례가 이 클럽에서 태어나고 있습니다.

저는 이렇게 '아지트'가 의의를 지니기 위한 조건을 다음과 같이 생각하고 있습니다.

- 전속 스태프가 몇 명 이상 있으며, '장소'를 관리하고 멤버 간의 관계를 적극적으로 조정할 것.
- '뭘 하든 괜찮은' 장소가 아니라 스태프가 활동의 메뉴를 어느 정도 정해 둘 것(굳이 멤버가 주도적으로 나서게 하지 않는다. 이는 '자주성을 강요'하지 않음으로써 참가를 쉽게 하기 위해서이다).
- '활성화'나 '능력의 향상'을 직접적인 목표로 삼지 않고 '돈독한 친밀감'을 중시할 것.
- 멤버는 거의 '사회적 히키코모리' 사례로 한정할 것. 반대로 말하자면 비행 청소년 사례, 경계성 장애 사례, 기타 행동화가 일어나기 쉬운 사례를 받아들이는 것은 신중할 것.
- 문제 행동이 많은 사례는 참가를 제한하거나 경우에 따라 제명하는 등의 벌칙 규정을 만들고, 장소의 심리적인 안전 보증감을 높일 것.
- 참가 희망자는 반드시 담당 의사를 통해 소개받고, 소개장을 심사회에서 검토하여 수락할 것(즉, 반드시 정신과 치료와 병행해서

없지만 회사의 복리 후생이나 유급 휴가의 혜택을 받을 수는 있다는 점에서 아르바이트와는 차이를 보인다. — 옮긴이 주.

이용하는 것을 조건으로 함).

– '장소'는 계기이며, 그 밖에 관계성과 활동성이 확장되는 방향성을 존중할 것.

– 옵션으로는 스터디 그룹이나 클럽 내의 클럽 활동 등, 그 목적을 세분화한 자리를 설정할 것.

– 보호자가 참여할 수 있는 자리, 예를 들어 가족 모임에 준하는 형태로 보호자 간 교류의 장을 마련할 것.

– 그 자리에서만 활동하기보다는 영화를 보러 가거나 볼링 등 대외적인 활동도 적극적으로 수용할 것.

– 활동이 이어지기 위해서는 유료화가 불가피하지만, 참가에 방해가 되지 않을 정도의 금액으로 설정할 것.

이것들은 사실 M 클럽을 이용하면서 제가 높이 평가했던 장점을 정리한 것뿐입니다. 물론 개중에는 제 소망을 담아 약간 이상화하여 쓴 부분도 있지만 거의 대부분 실현되어 있다고 해도 과언이 아닙니다. 이러한 활동을 하나의 모델로 삼아 비슷한 장소가 각지에 마련된다면 히키코모리 문제에 대한 대책을 세우기도 보다 용이해지겠지요.

PC 통신과 인터넷의 가능성

최근의 기술적 진보, 특히 컴퓨터 분야는 일취월장하여 신기술이 지속적으로 개발되고 있는데, 여기서는 다양한 통신 방법을 간단히 이용할 수 있게 되었음을 강조하고자 합니다.

특히 이메일이라는 새로운 형태의 의사소통은 의사 교환의 폭을 대단히 넓혔습니다. 저는 사회적 히키코모리에게도 이러한 컴퓨터 이용 방법이 나름대로 유익하다고 생각합니다.

저는 현재 PC 통신과 인터넷 두 가지를 이용하면서 제가 담당하는 환자와 대화를 나누는 장소로 사용하고 있습니다. 또, 여러 명의 환자와 네트워크를 만들어 대화의 장을 넓히는 시도도 하고 있습니다. 네트워크를 사용하면 동일한 메시지가 멤버 모두에게 전달되므로 동시에 여러 사람과 의견을 교환할 수 있습니다. 이렇게 네트워크를 시작한 지 2년 정도 되었는데, 그것이 하나의 계기가 되어 컴퓨터 언어 공부를 시작하거나 다른 메일링 리스트(앞에서 말한 '네트워크'보다 규모가 큰 것)에 참여해서 오프 모임(오프라인 미팅: 통신을 통해 알게 된 사람들이 실제로 얼굴을 마주하는 모임)에 참가하는 등의 활동으로 이어진 멤버도 있습니다.

저는 컴퓨터라는 도구가 사회적 히키코모리 상태의 사람에게 매우 큰 의의를 갖는다고 생각합니다. 이는 통신이나 인터넷 이용에만 국한되어 있지는 않습니다. 컴퓨터를 사용할 수 있게 된다는 것만으로 가능성이 다양하게 넓어집니다. 취업에 도움이 된다는 점도 있겠지만, 컴퓨터를 통해서 다른 사람과 화제를 공유할 수 있다는 것도 큽니다. 특히 가족 간의 의사소통을 회복하는 데 있어 컴퓨터가 가지는 의미는 큰 법입니다. 본인의 컴퓨터 실력이 먼저 좋아진 경우에는 부모가 본인에게 배울 수도 있습니다. 은밀하게 '가족에게 도움이 되고 싶다'라는 갈망을 지닌 그들에게 스스로의 기술을 살려 부모에게 도움을 주는 것은 더할 나위 없는 일이겠지요. 혹은 메일을 능숙하게 사용할 수 있게 될 경우, 예를 들어 아버지가 홀로 파견을 나가 있더라도 자주 연락을 주고받을 수 있습니다. 아니, 같이 살고 있는 경우라도 직접 입으로는 말할 수 없는 것들을 메일로 전달할 수 있다는 점이 유의미할 수도 있습니다.

컴퓨터에 몰입한 나머지 히키코모리가 악화되지 않을까 하는 걱정도 자주 듣습니다. 하지만 앞에서 든 예처럼 대인 관계가 나아지면 나아졌지 히키코모리가 악화되는 경우는 거의 없습니다. 얼핏 보기에 컴퓨터에 몰두하는 것이 도피 행위처럼 보인다고 할지라도, 본인이 그것을 통해 타인과 연결된다는 점에서 컴퓨터 또한 사회와의 접점을 회복하기 위한 창구로서 충분한 도움이 됩니다.

입원 치료, 하우스 치료 등

외래 치료만으로는 좀처럼 차도가 없는 경우에는 본인이 희망한 경우에 한해 입원 치료도 효과적입니다. 다만 일반적인 의미에서의 '정신과 병원'은 그다지 추천하기 어렵습니다. 입원 치료의 주목적은 어디까지나 대인 관계 경험을 쌓는 것이기 때문에 중증 환자가 많은 병동에서는 별 의미가 없습니다. 개방적이고 비교적 젊은 환자가 많은, 가능하면 이성 환자와도 교류할 수 있는 병동이 바람직합니다.

이나무라 씨가 제창한 숙박 요법은 현재까지 유례가 없었던 치료 방법이긴 하지만 히키코모리 사례의 치료에서 대단히 유의미합니다. 숙박 요법이란 일반 민가를 이용하여 스태프 몇 명과 치료 대상자 열 명 내외가 함께 생활하는 것으로, 다양한 활동과 일상 생활 지도를 통해 히키코모리 상태의 개선을 촉진합니다. 특히 대인 관계의 어려움이 큰 사례에서는 같은 세대의 사람들과 밀도 있는 공동 생활을 나눔으로써 예상 밖의 변화를 불러올 수 있습니다. 치료 효과는 아직 정식화가 덜 되어 있지만 앞서 소개했던 '아지트'와 마찬가지로 앞으로의 발전이 기대됩니다.

가족 모임에 대해서도 다루어 보도록 하겠습니다. 히키코모리 사례에 맞닥뜨린 부모는 날마다 고독한 싸움을 계속하고 있습니다. 이러한 고독이 때로는 고립감이나 초조감으로 이어져 '히키코모리 시스템'의 악순환을 강화하고 맙니다. 저는 다른 정신 장애와 마찬가지로 히키코모리 사례의 가족도 가족 모임을 통해 연대하는 것이 바람직하다고 생각합니다. 비슷한 자녀를 둔 가족과 연대하는 것이 장기전에서도 심리적 안정을 유지하기 쉽기 때문입니다. 다만 여기에서도 치료 환경이 낙후되어 있다는 것은 문제입니다. 이러한 가족 모임은 매우 적은 데다 소규모이기까지 합니다. 저 자신도 현재 매월 한 번씩 '실천적 히키코모리 강좌'를 담당하고 있는데, 언제나 대략 50명 정도의 가족이 모입니다. 저는 이 자리에 서서히 가족 모임으로서의 의미를 부여해 나갈 생각입니다.

'서른 살'이라는 고비

대응이 잘 되어서 제가 말하는 최종 단계까지 이르렀음에도 그

앞으로 나아가지 못하는 경우가 있습니다. 본인도 치료를 받으러 다니며 가족 간의 대화도 원활하게 진행되고 있음에도 더 이상 어떻게 해야 할지 모릅니다. 가끔씩 저는 그러한 상담을 받기도 합니다.

우선 첫 번째로 말할 수 있는 것은 그러한 사례가 대단히 예외적이라는 점입니다. 제가 알고 있는 한 최종 단계까지 충분히 달성되었더라도 여전히 히키코모리가 계속되고 있는 경우는 의사소통의 회로 어딘가에 문제가 있다고 생각하는 것이 좋습니다. 막다른 골목에 맞닥뜨렸음을 한탄하기 전에 다시 한번 전문가와 함께 현 단계의 의사소통이 충분한 상태인지의 여부를 꼼꼼히 재점검해 볼 필요가 있습니다. 그리고 정말 그런 문제가 없음에도 불구하고 좀처럼 상황이 개선되지 않는 경우에는 어떻게 해야 할까요? 여기서는 그 이야기를 해 보려고 합니다.

저는 히키코모리 상태가 10년 이상 계속되거나 나이가 벌써 40세 가까이 된 경우 등은 냉정하게 다음 단계를 고려하기 시작해야 한다고 생각합니다. 안타까운 일이지만 그러한 사례는 앞으로 조금씩 늘어 갈 것입니다. 부모가 정년이 되거나 병에 걸리면 치료를 위한 노력을 꾸준히 이어 나가기에는 무리가 따릅니다. 저는 이와 같은 경우 특히 경제적인 상황에 관해 현실적인 계획을 일찍부터 세워 두어야 한다고 생각합니다.

구체적으로는, 본인이 30세가 되는 시점을 하나의 고비로 생각하고 장기적 미래를 위한 대책을 본인도 함께 논의해야 합니다. 대화가 상당히 심각해질지도 모릅니다. 하지만 이런 '고비'를 모호하게 넘기면서 더욱 사태가 심각해지기를 기다리는 편이 낫다고 대체 어느 누구에게 말할 수 있을까요? 저는 히키코모리 문제를 말하기 어려워하는 이유 중 하나가 여기에 있다고 생각합니다. 지금까지의 많은 전문가들은 이런 '고비'에서 결정을 내리는 데 책임 있는 대답을 제시할 용기를 갖지 못했습니다. 따라서 저는 실용성을 기대함과 동시에 전문적인 논쟁을 불러일으키기 위해서 제안을 하고자 합니다.

'전망'을 공유하기

저는 이 고비에서 논의되어야 할 것으로 ① 치료의 전망 ② 경제적 전망 ③ 사회 참여의 전망, 세 가지를 꼽아야 한다고 생각합니다.

① 치료의 전망에서는 일단 현재까지 이루어져 왔던 치료 방침을 재검토하고 가족이 언제까지나 치료에 참여할 수만은 없다는 점, 그리고 ② 경제적 전망과도 관련하여 통원 의료비의 공비 부담 제도나 장애인 수첩을 교부받아야 한다는 점 등을 거론하고자 합니다.

저는 여기서 굳이 '장애'라는 말을 썼습니다. 이는 물론 오랫동안 히키코모리 상태에 시달려 온 사람을 멸시하려는 의도가 아닙니다. 다만 저는 10년 가까이 히키코모리 상태가 계속되고 있는 이들에게 "당신은 병이 아니라서 괜찮다"라고 마음 편하게 보증해 줄 수는 없습니다. 히키코모리 상태가 장기화되고 뒤틀리는 경우에 그것이 병인지 아닌지는 중요한 문제가 아닙니다. 오히려 이런 상황은 어떻게 보면 단순한 질병 이상으로 문제의 뿌리가 깊습니다. 본인 또한 자신의 상태가 일종의 핸디캡을 짊어진 상태라고 자각하는 와중에 어떠한 궤도 수정의 필요성에 직면합니다. 이 점에 눈을 감고서 "괜찮다"라고만 말하는 일은, 적어도 저는 임상가로서 할 수 없습니다. 저는 전문가로서 전망이 뚜렷하다면 그것을 환자에게 곧이곧대로 알려야 한다고 생각합니다. 여기서 전망이라는 것은 곧 지금까지처럼 대응한다면 더 이상 개선을 기대할 수 없는 경우를 가리킵니다. 이 '현실적'인 인식을 본인과 가족이 공유함으로써 다음 발걸음을 내디딜 수 있게 됩니다.

가정의 경제 상황을 설명한다

장기화와 함께 부모는 정년에 이르러 연금 생활에 들어갑니다. 더욱 장기화되면 본인보다 부모가 먼저 사망한다는 것은 움직이지 않는 현실입니다. '고비'를 맞이하면 이러한 현실과도 적극적으로 마주해야 합니다. 가족의 경제 상황과 이후의 전망에 대해 숨김없이 본인에게 전하는 것. 그것은 본인의 장래를 염려하고 위로의 마음을 담아 '유언'을 남기는 것과 다름없는 행위이겠지요.

먼저 본인에게 가정의 자산과 빚을 포함한 경제 상황을 가능한 한 상세하게 설명합니다. 정년 후 경제 상황이 어떻게 변화하는지에 대해서도 구체적으로 말해 줍니다. 만약 부모가 사망할 경우에 대해서도 마찬가지입니다. 요즘은 살아 있을 때 미리 유언을 작성하는 일을 장려하고 있는데, 저는 그것 또한 치료적인 의의를 가질 수 있다고 생각합니다. 물론 저항도 예상됩니다. 자산이 있는 가족의 경우, 당사자가 가족의 자산에 여유가 있다는 것을 알고 있기에 좀 더 놀면서 살려고 하는 것은 아닌가 불안해질 것입니다. 반대로 경제적 여유가 없는 가족은 당사자를 괜히 불안에 빠뜨리지나 않을까 걱정하겠지요. 납득할 만한 걱정이지만 제 경험에서는 그런 사태가 일어나지 않았습니다.

불안을 부추기는 것은 구체적인 이야기 없이 협박을 할 때뿐입니다. "언제까지 부모가 살아 있을 것 같아"라든가 "우리 집은 이제 남은 돈이 없어"라는 애매한 협박은 그저 해를 불러올 뿐입니다. 냉정하면서 진지하게 이루어진 구체적, 현실적인 대화는 오히려 '가족의 일원으로서 신뢰받고 있다'라는 안도감까지 줄 것입니다.

제가 경험한 사례에서도 아버지가 병으로 쓰러지면서 경제적 위기감을 가진 것을 계기로 오랜 히키코모리 생활에서 벗어나 아르바이트를 시작한 청년이 있었습니다. 어차피 위기감을 안겨 주게 된다면 현실적이고 구체적으로, 사실과 숫자로 보여 주어야 합니다. 그렇지 않은 형태로 위기감을 부채질하는 것은 단순한 협박이나 공갈과 같은 행위라고 할 수 있을 것입니다. 이 둘은 비슷한 것 같지만 전혀 다릅니다.

출발선을 다시 긋기

부모가 정년 후에 연금 생활에 들어가서 경제적인 전망을 갖기 어려운 경우에는 어떤 선택지가 있을까요? 저는 이 경우 본인이 일할 수 없는 상태라면 세대를 분리해서 생활 보호 수급을 고려하도록 하고 있습니다. 또는 정신 증상을 동반하는 사례의 경우 장애인 연금 수급을 권유하기도 합니다.

장애인 연금 수급을 받아들이는 것 또한 치료적인 의미가 있습니다. 스스로가 이미 핸디캡을 진 상태라는 것을 정확하게 인식하는 데 도움이 되기 때문입니다. 물론 대부분의 당사자는 생활 보호나 연금 수급을 받는 건 말도 안 된다고 반발합니다. 가끔씩은 치료자에게 불신감을 비치는 경우도 있습니다. 그러나 저는 이러한 현실적인 화제를 굳이 언급하는 일 자체가 장기적으로는 본인의 재기를 지탱해 준다고 믿습니다. 지금까지 연금 수급을 권유했던 사례는 모두 최종적으로는 저의 제안을 받아들여 한층 안정된 정신 상태에 이르렀기 때문입니다.

이야기가 여기까지 진행되면 이미 화제는 ③ 사회로의 참여와도 일부 관련됩니다. 즉, 이 단계에서 사회 참여를 위한 경로도 재검토해 보게 된다는 말입니다. 적어도 사회 적응이라는 점에서 볼 때 스스로의 상태가 일반적인 정신 장애인과 별 다를 바 없다는 현실을 받아들이는 것. 그것은 대단히 용기가 필요한 행동인데, 일단 받아들이게 되면 좋은 의미에서 '태도를 고치게' 될 수도 있습니다. 이때 보건소나 정신 보건 센터의 데이케어, 작업소 등과 같은 정신 장애인을 위한 재활 시설의 이용도 생각해 볼 수 있습니다. 실제로 작업소에 다시 들어가 그곳에서 리더십을 가지고 계속 근무하게 된 사례도 저는 몇 번 경험해 봤습니다.

이러한 것이 꼭 '체념'을 의미하지는 않습니다. 오히려 제약을 받아들임으로써 새로운 가능성이 열리기를 충분히 기대할 수 있

습니다. 그러한 확신과 경험을 바탕으로 저는 군이 이렇게 과격해
보이는 제안을 하고 있습니다.

제2부 '사회적 히키코모리'와 어떻게 마주할 것인가

7. '히키코모리'와 사회 병리

청소년들은 정말 무기력해졌는가

스튜던트 애퍼시가 일본에서 주목받게 된 것은 1970년대 이후였습니다. 당시에는 '3무주의(무기력, 무감동, 무관심)'나 '시라케 세대*'라는 말을 통해 청소년의 무기력화가 지적되고 있었습니다. 스튜던트 애퍼시 또한 이러한 시대 배경과 관련해서 이야기되는 경우가 많았던 것으로 보입니다.

청소년의 무기력화는 그 후 변화했을까요? 저는 그렇게 느끼지 않습니다. 그렇다면 청소년은 여전히 무기력한 상태일까요? 아니면 '청소년의 무기력화'라는 현상은 사실 환상에 지나지 않을까

---

* シラケ世代. 일반적으로 1950년~1964년생으로 고도 경제 성장기에 학생 시절을 보냈고 TV의 보급으로 애니메이션이나 드라마에 열중하게 된 세대를 가리킨다. 정치나 경제, 국가에 대한 흥미가 이전 단카이団塊 세대에 비해 대단히 옅으며, 사회적 환경보다 개인적인 일에 열중하는 경향이 강하다. ― 옮긴이 주.

요?

70년대에 소년기를 보낸 저 같은 사람은 '청소년의 무기력화'라는 것이 세대 간의 가치관 갈등 이상으로 보이지 않습니다. 확실히 우리 세대는 정치나 사회 참여라는 대의에 불타올라서 행동하지는 않았을지도 모릅니다. 그러나 어느 세대나 마찬가지로 이전 세대의 관점에서 보자면 기껏해야 '부업'으로밖에 보이지 않는 것에 대단히 열중하거나 몰입했던 것은 아닐까요? 절대로 '전공투'보다 '오타쿠'가 무기력하다고는 할 수 없습니다. 어떤 세대가 완전히 무기력해지는 현상이란 '세대론'이라는 이야기 안에서만 가능한 것이 아닐까 하고 저는 의심하고 있습니다.

스튜던트 애퍼시의 증가에 관해 이야기하자면 전후에 대학 진학률이 현저히 높아졌던 점에도 원인이 있다고 생각합니다. 학생의 수가 늘어나면 중도 퇴학도 증가한다는 쌀쌀맞은 시각도 충분히 가능할 것입니다. 여기서는 흔히 들을 수 있는 '가치관의 다양화, 상대화'와는 정반대의 요인으로 생각할 수도 있습니다. 누구나 대학에 입학하는 시대에는 대학에 들어가는 것이 당연한 가치관으로서 공유됩니다. 이는 오히려 가치관의 균일화로 이어질 것입니다. 그뿐만 아니라 계속되는 시험이라는 관문을 통과하는 것이 사회 참여를 잠정적으로 면제해 주는 것 이외에 어떤 특권도 보장해 주지 못한다는 현실이 있습니다. 이러한 과정에서 단 한 번도 '무기력'해지지 않고 지내는 것은 대단히 어려운 일이 아닐까요?

또, 사회적 히키코모리 사례의 경험에서 말할 수 있는 것은 '학교'와 '사회' 사이에서 적응의 기준이 많이 다르다는 사실입니다. 대학 졸업까지는 아무런 문제 없이 지내 오던 사람이 취업 단계에서 걸려 넘어지는 경우가 얼마나 많은가요? 또, 앞에서도 지적했지만 제가 경험했던 사회적 히키코모리 사례 중에서 일정 기간 동안 취업을 했던 경험이 있는 이는 전혀 없었습니다. 이 사실은, 중졸부터 일류 대학 졸업자에 이르는 대단히 넓은 학력의 폭과 겹쳐서 생각해 볼 때 학교와 사회의 가치 기준 차이가 극히 심각함을 시사하고 있습니다. 그것은 단지 학교에서 배운 것이 사회에서는 도움이 되지 않는다는 의미만이 아닙니다. 단적으로 말하자면, 이 두 가지 사회에서 대인 관계의 양상이 극명하게 다르다는 뜻입니다.

그 차이란 한마디로 말하자면 '역할 의식의 차이'라고 할 수 있겠습니다. '사회인'은 자신의 다양한 가능성을 단념하고 조직 내에서 기대하는 일정한 역할을 맡도록 의무를 지게 됩니다. 이 '단념하고 받아들일 것'이야말로 일본의 교육 시스템에서는 결코 학습할 수 없는 행위입니다.

'거세를 부인하게 하는' 교육 시스템

사회적 히키코모리가 사춘기의 병리라는 것. 그것은 바꿔 말하자면 이 주제가 현대 교육 시스템의 문제와 깊은 관련을 맺고 있음을 의미합니다. 분명 그곳에는 다양한 사회 병리적인 것들이 반영되어 있을지도 모릅니다. 그러나 아이들에게 사회란 일단 가정과 학교인 이상, '교육 시스템' 그 자체를 문제로 삼을 수밖에 없습니다.

단적으로 말해, 현재의 교육 시스템은 '거세를 부인하게 하는' 방향으로 작용합니다. 무슨 말일까요? 일단 '거세'에 대해 간단히 설명해 보겠습니다. 거세란 아시다시피 페니스를 제거하는 것입니다. 정신분석에서는 이 '거세'가 대단히 중요한 개념으로 다루어지고 있습니다. 왜일까요? '거세'는 남녀를 불문하고 모든 인간의 성장에 관련되기 때문입니다. 정신분석에서 '페니스'란 '만능'의 상징입니다. 그러나 아이는 성장과 함께 다양한 타인과의 관계를 통해 '자신이 만능이 아니라는 것'을 받아들여야 합니다. 이 '만능임을 포기하는 것'을 정신분석은 '거세'라 부릅니다.

인간은 자신이 만능이 아님을 알게 됨으로써 비로소 타인과 관계를 맺을 필요가 생깁니다. 다양한 능력을 가진 엘리트라고 불리는 사람들 중에 종종 사회성이 결여된 경우가 많다는 점도 이 '거세'의 중요성을 역설적으로 보여 줍니다. 즉, 인간은 상징적인 의미에서 '거세'되지 않는다면 사회 시스템에 참가할 수 없습니다. 이는 민족성이나 문화에 좌우되지 않는, 인간 사회 공통의 규칙이라고 해도 좋을 것입니다. 성장이나 성숙은 단념과 상실의 축적과 다르지 않습니다. 성장의 아픔은 거세의 아픔인데, 여기서 어려운 것은 거세가 타인으로부터 강제된다는 점입니다. 자신이 원해서 거세된다는 것은 불가능합니다.

이렇게 '거세'를 이해한 후 학교가 어떤 장소인지 생각해 보도록 합시다. 거기에는 분명히 양면성이 있습니다. '평등', '다수결', '개성'이 중시되는 '균질화'의 국면과 '내신', '등급'이 중시되는 '차이화'의 국면이 바로 그것입니다. 아이들은 모든 의미에서 집단으로서 균질화되고, 그 균질성을 전제로 차이화가 이루어집니다. 균질하다는 것을 전제로 한 차이화는 질투나 괴롭힘의 온상이 되기도 하지만 이는 다른 이야기입니다. 또한 교육 시스템 전체가 '그 안에 있으면 사회 참여가 유예되는 것', 또는 '자기 결정을 늦추기 위한 모라토리엄 장치'로서 작용하고 있다는 점도 중요합니다. 학교는 이렇게 보호를 해 주는 대가로 학교만의 가치관을 강요합니다.

먼저, 학교가 아이들에게 "누구나 무한한 가능성을 감추고 있다"라는 환상을 강요하는 것 자체가 문제적으로 다루어져야 합니다. 이것이 문제인 이유는 이미 거세 과정을 마친 아이들에게 이런 환상을 마치 '유혹'의 형태로 강요하기 때문입니다. 즉, 이것은 거세를 부인할 것을 강제하는 일입니다.

여기서 제가 예전 일본 교사 노동조합으로 대표되는 '전후 민주주의'적인 것을 비판하려는 듯이 보일지도 모릅니다. 다만 그런 비판을 하기 전에 확인해 두어야 할 것이 있습니다. 그러한 교육 시스템을 그토록 요구했던 것이 바로 우리 자신이었다는, 견딜 수 없는 사실입니다.

성적 차이가 의미하는 것

이 '거세 부인의 유혹'은 예를 들어 사회적 히키코모리 사례의 성적 차이라는 점에서 문제가 됩니다. 지금까지 반복해서 지적해 왔던 것처럼, 사회적 히키코모리 사례는 압도적으로 남성이 많습니다. 아까 소개했던 제 조사에서도 사례의 80퍼센트가 남성이었습니다. 스튜던트 애퍼시에 대해서도 거의 정설처럼 남학생 특유의 문제로 다루어져 왔습니다. 이는 왜일까요?

그 이유로 우선 현대 일본의 사회적 상황에서 일반적으로 남성에 대한 기대치가 여성에 비해 높다는 점을 들 수 있습니다. 남성의 경우 청년기까지는 취업과 학업 등 여러 종류의 사회 활동에 참여하지 않으면 사회적으로 비난받기 쉽습니다. 한편, 여성의 경우는 이른바 '가사 도우미'라는 형태로 딱히 사회 참여를 하지 않고 집에서 생활을 계속하는 일이 부분적으로 가능합니다. 또한 결혼 후에는 가정주부 역할을 맡을 것을 일반적으로 기대하는 경향이 있습니다. 따라서 여성의 경우에는 히키코모리 상태가 그 정도로 문제시되기 어렵고, 그만큼 주위 사람들의 기대로 인한 스트레스도 적다고 할 수 있습니다. 이렇게 과거부터 이어져 온 사회적 역할 분담의 구조는 최근 급속하게 변화하고 있지만, 그렇다 하더라도 아직 뿌리 깊게 남아 있습니다.

이를 바꾸어 말하자면 일본에서 특히 여성에 대해 사회 시스템 전체가 '거세'를 성공시키도록 작용하고 있기 때문에 여성이 더욱 빠르게 성숙할 수 있는 것일지도 모릅니다. 여성은 인생의 이른 시기부터 '여자애' 취급을 받음으로써 '포기'를 받아들이도록 만들기 때문입니다. 그 때문에 사춘기 시절 같은 연령이라면 대부분 여성 쪽이 어른스럽고, 그렇지 않더라도 여성의 타산적 성향이나 리얼리즘을 남성은 도저히 당해 낼 수 없습니다. 그렇기 때문에 교육 시스템이 거세 부인을 강제하더라도, '포기'를 알고 있는 여성에게는 그다지 강하게 작용하지 않습니다.

받아들여도 거절해도 결과는 같다

교육 시스템이 밀어붙이는 '거세 부인의 강제'는 무엇을 가져올까요? 이 시스템이 성가신 것은, 시스템에 순종한들 시스템에 정면으로 맞선들 그것이 같은 결과를 가져온다는 점입니다. 무슨 이야기일까요? 즉, 어떤 태도를 취해도 사회적으로는 미성숙한 인간이 되고 만다는 뜻이지요.

예를 들어 "나에게 어리광을 부려라"라고 유혹하는 어머니는 바로 '거세 부인'을 강제하고 있는 셈입니다. 그 강제를 받아들여서 어리광을 부리건, 또는 강제에 거스르고 어머니를 거부하건 결국 어머니에 대한 의존을 전제로 삼을 수밖에 없습니다. 즉, '거세 부인'의 유혹은 그것을 받아들이든 거부하든 그 유혹에 끌려가 버리는 구조가 되는 것이죠. 굳이 말하자면 전형적인 상급 엘리트와 일부 '등교 거부' 아동은 부적응의 방식에서 공통적입니다. 그 공통점이란 '협소한 가치관'과 '자기 중심성'이고요. 여기서 저는 그들을 비난하려는 것이 아닙니다. 그들이 그들 나름대로 열심히 행동한 결과가 비슷해지고 만다는 비극을 통해 현세의 교육 시스템에 의문을 제기하고 있는 것입니다.

칩거하는 젊은이들의 상당수는 과거 학교에서 강요당했던 '평등하다는 환상'을 저주해 마지않습니다. 여기서 그들의 '거세 부인에 대한 저항'의 흔적을 확인하기는 그리 어렵지 않습니다. 히키코모리 젊은이들이야말로 바로 강제된 '거세 부인'의 희생자로서, 끝나지 않는 사춘기에 속박되어 있는 것은 아닐까 하는 생각이 머릿속을 떠나지 않는군요.

　여기서 '히키코모리' 쪽에서 사회를 본다면, 저는 ('이 나라'가 아니라) 이 시대에 아직 '자유'가 올바르게 인식되고 있지 않은 것이 아닌가 실감하게 됩니다. 히키코모리 상태란 일체의 사회적 속박을 피하고 있다는 점에서 볼 때 더없이 자유로운 입장이라고 할 수 있습니다. 그런데 가장 자유로운 입장에 있는 인간이 가장 자유롭지 못한 상황에 만족하고 있습니다. 저는 이 점에서 여전히 본래적인 의미에서의 '자유'를 누리지 못하고 있는 이 시대의 병리를 느낍니다. '자유롭다는 것' 그 자체가 갈등의 원인이 되는 시대를 '사춘기의 시대'라고 잠정적으로 부를 수 있다면, '사회적 히키코모리'란 바로 그러한 시대를 상징하는 병리가 아닐까요?

끝으로

증가하고 있는 사회적 히키코모리 문제에 대해서 정책적으로 유효한 성과가 지금 시점에서는 전혀 드러나지 않고 있는 듯합니다. 그러나 치료적 대응 방안조차 미흡한 상황에서 '자연 치유'가 거의 일어나지 않는 이런 사례들이 앞으로 점점 증가할 것임은 분명합니다. '히키코모리 시스템'이라는 개념을 생각해 낸 것은 이 문제가 각각의 사례 개인이나 가족에 대한 대책만으로 충분치 못하기에 전체적인 정책으로서의 대책을 요청하기 위해서이기도 합니다.

후생성은 1991년도부터 '히키코모리, 등교 거부 아동 복지 대책 모델 사업'을 시작했습니다. 그러나 놀랍게도 이 사업은 18세 이상은 대상에서 제외하고 있습니다. 이렇게 해서는 '사회적 히키코모리' 사례의 약 9할 이상을 제외하는 셈이라, 대책의 의미도 사라지고 맙니다. 아동 상담, 교육 상담의 창구도 18세 이상은 받지 않습니다. 또, 본래대로라면 주된 수용자여야 할 의료 기관의 빈곤한 현실은 지금까지 몇 번이나 지적한 바와 같습니다.

이 책을 정리하면서 저는 약간 넓은 시야에서 이러한 현상에 대해 제언을 하고 싶었습니다.

먼저 사회 전체에 대해 '사회적 히키코모리'라는 현상의 계몽 활동이 필요합니다. 사람에 따라서는 전혀 인연이 없을 이러한 사례가 이미 사회 현상이라 할 만한 규모로 발생하고 있다는 점. 저는 그것을 널리 알리기 위해서는 역시 정의를 분명히 할 필요가 있다고 생각합니다. 이러한 판정의 가이드라인을 명확히 책정해 둔다면 대책의 틀을 만들기 쉬워질 것입니다.

또한 이러한 계몽 활동은 정신의학 내부에서도 이루어져야 합니다. 사회적 히키코모리 문제는 분명히 정신과 의사가 다루어야 할 문제입니다. 이 '다루어야 할 문제'가 '무조건적으로 다루어야만 하는 문제'로 변화하는 것은 이제 시간문제이겠지요. 다만 여기에 문제가 있습니다. 일본의 정신과 의사에게 가장 큰 영향력을 지닌 일본정신신경학회가 '히키코모리' 문제에 대해서는 대단히 소극적이라는 사실입니다. 저 자신도 이 학회에서 두 번에 걸쳐 히키코모리 문제에 관한 발표를 했는데, 한번은 "히키코모리 문제는 존재하지 않는다"라는 반응을 들었습니다. 그리고 두 번째 발표에서는 거의 완전히 묵살당했습니다. 제 역량이 부족했다면 그만이지만, 설문 조사 결과에서도 볼 수 있듯이 이 문제는 아직 정신의학의 문제로 인지되지 않은 모양입니다. 정신분석적인 표현을 써 본다면 많은 정신과 의사들이 '부인'하고 싶은 것, 그것이 '히키코모리 문제'가 아닐까요?

하지만 저는 아직 포기하지 않았습니다. 논문을 포함해서 다양한 형태로 제 자신이 계몽 활동을 계속할 수 있을 것입니다. 또한 인터넷을 이용해서 다른 치료자와의 연대를 강화하고 정보를 공유하여 지식과 의견을 집중시킬 네트워크적 전개도 구상하고 있습니다. 어쨌든, 일단 우리 임상가가 이 문제를 정확하게 인식하면서 손을 잡는 것이 최우선 과제입니다. 이 네트워크가 잘 구축된다면 상담 창구가 적은 지방의 가족에게도 희망을 줄 수 있게 됩니다.

혹은 저는 가족 상담이나 가족 지도라는 기능에 대해서, 예를 들어 보건소 등이 그러한 창구가 될 수 있지 않을까 생각하기도 합니다. 이 책에서 쓴 바와 같이, 히키코모리 사례에 대한 초기 대응은 그다지 고도의 전문성이나 임기응변을 필요로 하지 않습니다. 그런 의미에서 매우 기초적인 상식을 가족에게 전달하고 가족이 그것을 실행함으로써 도움을 받게 되는 사례가 얼마나 많을까 하는 생각이 드네요.

이어서 중요한 것은 가족 모임과 '아지트'입니다. 현재 저 자신도 계몽 활동과 상담을 병행한 일종의 가족 모임을 운영하고 있습니다. 제가 말했던 것처럼 혹시 '가족의 히키코모리'가 문제라면 먼저 같은 문제를 공유하는 가족이 연대할 필요가 있습니다. 하지만 아쉽게도 사회적 히키코모리 사례에 관해서는 여기에서도 받아 주는 곳이 없습니다. 다른 정신장애나 등교 거부에 관해서라면 상당히 늘어나고 있음에도 말이지요. 하지만 포기할 필요는 없습니다. 적긴 하지만 그러한 가족 모임이 서서히 형성되고 있기 때문입니다. 또, 지금 시점에서는 다른 정신 질환의 가족 모임에 들어가는 것도 생각해 볼 만합니다. 특히 조현병 환자의 가족 모임이나 약물 의존 가족이 있는 사람을 위한 가족 모임 등은, 대상은 달라도 사정에 대한 이해를 얻어 참가할 수 있다면 대단히 좋은 참고가 될 것입니다.

히키코모리 당사자를 받아들이는 곳도 정비해 나갈 필요가 있습니다. 저는 앞서 소개한 M 클럽 같은 '아지트'가 지금부터 각지에 늘어 가기를 기대하고 있습니다. 그 외에도 청소년 건강 센터에서는 빌딩 청소 아르바이트를 주선하고 있기도 합니다. 꽤 좋은 평가를 받는 듯한데, 사실 이 프로그램이 시작되고 나서 처음으로 취직에 성공한 사례가 다수 있었습니다. 고용주에게 어느 정도 사정을 설명함으로써 결근이나 지각을 조금 너그럽게 봐주고 있을 뿐이지만, 그것만 해도 상당히 문턱이 낮아진 것 같습니다. 이처럼 이해심 있는 고용주로 인해 취업 환경이 정비된다면 새로운 가능성을 모색해 볼 수 있겠지요.

또, 개중에는 도저히 집에서 나갈 수 없는 단계에 머물러 있는 사람도 있을 것입니다. 그러한 사람을 위해서는 컴퓨터를 이용한 취업 환경의 정비가 이루어져야 할 것입니다. 이미 인터넷을 통해 재택근무를 하는 사람의 수가 증가하고 있기도 합니다. 비록 컴퓨터를 통해서라도 타인과 이어진다는 것이 무척 유의미하다는 점은 다른 장에서 이미 언급한 바 있습니다. 마찬가지로, 컴퓨터를 통해서라도 일자리를 갖고 보수를 받는다는 것은 그 이후의 전개로 반드시 이어집니다.

그리고 증가하고 있는 '사회적 히키코모리'라는 현실을 눈앞에 있는 사실로서 받아들이는 것은 우리 자신이 지금부터라도 할 수 있는 일입니다. 그 존재를 성급하게 비판하면서 '부인'할 것이 아니라 우선 정확하게 인식하고 이해하는 것. 이러한 '이해'를 널리 퍼뜨리는 것 그 자체가 교착에 빠진 '히키코모리 시스템'의 해소를 촉진하고 새로운 사례의 증가를 예방할 수 있다고 저는 믿습니다.

히키코모리 대응의 프로세스

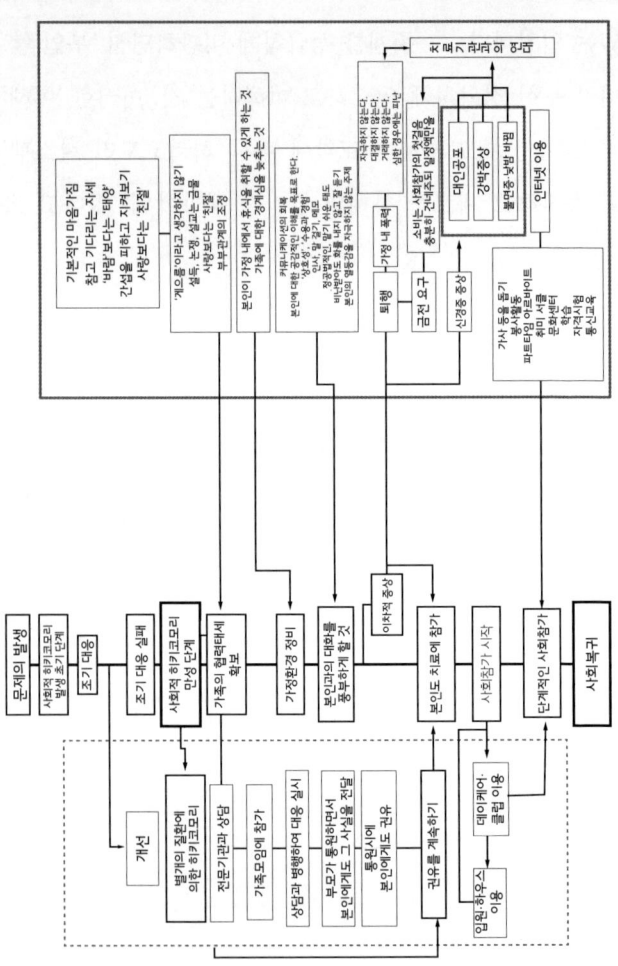

후기

10년 이상 히키코모리 문제에 관여해 오면서 새삼스럽게 느끼는 것은, 이 문제의 전체적인 모습을 여전히 심각할 만큼 포착하기 어렵다는 사실입니다. 어떤 일정한 응집력을 갖는 것처럼 보이면서도 '정신의학'이나 '정신분석'이라는 단일한 관점만으로 판단하려고 하면 그 순간 윤곽이 흐려지고 맙니다. 원인과 결과가 동일하지 않으며, 그저 눈앞에 확고히 존재하는 것은 '사회적 히키코모리'라는 '현실'뿐입니다. 소재가 무척 많은데도 그것을 종합적으로 바라볼 수 있는 단순한 관점이 잘 집히지 않습니다. 이 책을 쓰면서 가장 어려웠던 것이 이 점이었습니다.

그러던 중 '히키코모리 시스템'이라는 생각이 문득 떠올랐습니다. 이러한 시스템적 이해는 간단하면서 이해하기 쉬운 관점을 제공하니 치료에 응용할 수도 있지 않을까요? 시스템 이론의 장점은 이미 어떤 시스템이 작동하고 있을 때 그 원인을 문제 삼지 않아도 된다는 점이었습니다. 원인을 추구하는 것은 차치하고, 이는 눈앞에 쏟아지는 히키코모리 사례에 적절하게 대처해야 하는 입장에서 대단히 편리한 관점이기도 합니다. 이 아이디어를 핵심으로 삼음으로써 드디어 글을 쓸 목표가 생겼습니다.

사춘기와 청년기의 '히키코모리' 문제는 조용하지만 확실하게 심각해지고 있습니다. 그러나 최전선에서 대처해야 할 입장인 우리 정신과 의사가 이 미증유의 사태를 눈앞에 두고 속수무책으로 당하고 있는 것이 현실입니다. 환자에 대한 일상적인 대응에 쫓기면서 저 자신 또한 확고한 치료 지침이 필요했습니다. 이 책을 쓰는 일은 그런 저에게 있어서 자신의 임상 경험을 정리하면서 제 나름의 관점을 세우기 위한 절호의 기회였습니다.

이 책은 저 자신의 저작이라기보다는 이와 관련된 많은 사람의 공동 작업의 산물입니다.

우선 뭐니 뭐니 해도 제가 '히키코모리' 문제에 관여할 계기를 주신 고 이나무라 히로시 선생님을 필두로 구 쓰쿠바 대학 이나무라 연구실의 모든 선생님들께 깊은 감사의 말씀을 드립니다.

청소년 건강 센터 사무국 여러분들은 이 책의 바탕이 된 '실천적 히키코모리 강좌'를 분주히 준비해 주셨고 많은 유익한 조언을 주셨습니다. 기타노마루北の丸 클리닉, 소후카이爽風会 사사키佐々木 병원의 스태프분들은 쾌적한 치료 환경을 제공해 주셨습니다. 묘가다니茗荷谷 클럽, 호도가야保土ケ谷 하우스의 스태프분들은 많은 환자들에게 휴식과 안정의 장을 제공해 주셨습니다. 여기에 감사의 글을 남깁니다.

편집을 담당한 데우라 준코出浦順子 씨는 '히키코모리'라는 수수한 테마에 처음부터 강한 관심을 보여 주셨으며, 2년 동안 참을성 있게 원고가 완성되기를 기다려 주셨습니다. 원고의 평가와 조언부터 마무리 단계의 신속하고 세밀한 체크에 이르기까지 그 헌신적인 도움 없이는 이 책을 완성할 수 없었을 것입니다. 여기에 진심으로 경의와 감사를 표하고 싶습니다.

마지막으로 이 책이 '히키코모리'로 괴로워하고 있는 모든 이들에게 조금이라도 더 많은 희망과 의지를 가져다주기를 바라 마지않습니다.

1998년 10월 20일 이치카와 시市川市 교토쿠行德에서

사이토 타마키

참고 문헌

石井完一郎、笠原嘉他編著:『現代のエスプリ』(第一六八号)「スチューデント・アパシー」至文堂(一九八一)

稲村博:『思春期挫折症候群』 新曜社(一九八三)

稲村博:『登校拒否の克服』 新曜社(一九八八)

稲村博:『若者・アパシーの時代』 日本放送出版協会(一九八九)

稲村博:『不登校・ひきこもりQ&A』 誠信書房(一九九三)

笠原嘉:『アパシー・シンドローム』 岩波書店(一九八四)

田中千穂子:『ひきこもりー「対話する関係」をとり戻すために』 サイエンス社(一九九六)

富田富士也:『引きこもりからの旅立ち』 ハート出版(一九九二)

富田富士也:『父のひと言が僕を変えた』 ハート出版(一九九三)

富田富士也:『引きこもりと登校・就職拒否、いじめQ&A』 ハート出版(一九九六)

町沢静夫:『飛べないトンボの心理療法』 PHP研究所(一九九六)

全国精神障害者家族会連合会編:「全国社会資源名簿'95~'97」 精神障害者社会復帰促進センター

옮긴이 후기

'히키코모리', 또는 '은둔형 외톨이'라는 현상은 이제 한국에서도 만연한 사회 문제가 되었다. 방송에서는 자기 방에 틀어박혀 버린 아이들을 어떻게 구해 낼지에 대해 연일 전문가의 조언을 소개하고 있으며, 각급 학교의 상담 센터는 물론 정부와 지자체도 히키코모리의 문제점을 인식하고 분주하게 대책을 마련하고 있다. 하지만 여전히 히키코모리 문제는 심화되었으면 심화되었지 줄어들 기세를 보이지 않는다. 나아가 일본의 사례와 마찬가지로 히키코모리가 중·장년화되는 문제까지 대두되면서 상황은 악화 일로를 걷고 있는 듯하다.

그런데 이처럼 히키코모리 문제가 빈번하게 사람들의 입에 오르내리고 수많은 히키코모리가 '(재)발견'되는 것은 한편으로 그만큼 사람들이 히키코모리를 '문제'로서 인지하기 시작했음을 보여 주기도 한다. 과거였다면 흔한 '일탈'이나 '비행', '괴짜' 정도로 여겨졌을, 모든 관계를 절단하고 자기 방 혹은 내면에 틀어박히는 행위가 드디어 문제로서 인식되기 시작한 것이다. 이를테면 1958년 8월 1일 동아일보의 기사 「아동의 비행과 교사의 책임」을 살펴보자. 기사에는 전형적인 히키코모리 초기 증상을 보이는 "R 소녀"가 등장하는데, 기사는 이 소녀를 비정상적인 내향적 성격에서 비롯된 "히스테리"로 진단하고 있다. 진단의 옳고 그름을 떠나서, 과거에는 이처럼 "다음날 학교에 오지 않았고 계속해서 일주일을 결석하였으며 그 후 출석하는 날이 있기는 했으나 노는 시간에는 교실에 남아 있고 동무들과 이야기하기를 피하였"던 아이는 그저 "비행"을 하고 있었던 것뿐이었다. 그러나 이제 우리는 이러한 행동을 히키코모리라는 관점에서 바라보게 되었다.

무언가를 문제로 바라보게 된다는 것은 한편으로 불안감을 안겨 주기도 하지만 다른 한편으로 이는 해결을 향한 첫걸음을 뗀다는 것을 의미한다. 그러한 점에서 히키코모리를 문제시한다는 것에는 큰 의미가 있다. 그런데 어떠한 문제에 대해 손을 쓴다고 했을 때 우리가 알고 경험해 온 선에서 취하는 방법론이 항상 옳으리라는 보장은 없다. 책에서도 이야기하듯이, 히키코모리 사례의 경우 구시대적인 정신론은 물론이고 '논리'를 강조하는 합리론(이는 통상 부모의 내적 논리로, 수용자인 아이의 생각과는 거리가 멀 수 있다는 점에서 일방적인 강요에 가깝다), 이른바 '아가페적' 혹은 퇴행적인 포용론 등은 히키코모리 사례에서 그다지 유용하지 않아 보인다. 이런 때 필요한 것이 유사 사례를 많이 접해 보고 그에 대해 고심해 왔던 전문가의 도움일 것이다. 물론 전문가들이 제시하는 해결책에 '일반적인 사고방식'으로 납득하기 어려운 점도 있을 수 있다. 하지만 어느 개인의 역사에서 발생한 히키코모리라는 미증유의 사태에 그간의 사고방식으로 대처하기 어려움은 당연한 일이다. 그렇기 때문에 히키코모리에 대처하려 한다면 우리는 우리의 경험과 논리 바깥에 있던 것에 귀를 기울여야 할 필요가 있다. 이 책의 가치는 바로 그곳에 있다.

　누구든지 자신이 경험해 보지 못한 것에 불안해하고 자신이 감내하지 못할 것에 공포를 느낀다. 하지만 그럼에도 우리가 살아갈 수 있는 것은 이러한 불안과 공포를 어느 정도까지 견뎌 낼 수 있기 때문이다. 그리고 이러한 능력은 실패와 좌절의 경험으로 인해 길러진다. 아주 어린 시절부터 수많은 실패와 좌절을 통해 우리는 그것(혹은 그로 인해 저하된 자존감)과 타협하는 방법을 배우고 삶을 지속할 동력을 확보한다. 문제는 개인이 짊어질 수 없을 정도로 실패와 좌절이 강력할 때이다. 고난을 극복하지 못한 데서 오는 실망감과 패배감은 종종 공격성으로 나타나는데, 이것이 외부로 향할 때는 타인에 대한 공격적 성향과 행위로, 내부로 향할 때는 자신에 대한 징벌로 화해 버린다. 히키코모리의 공격적 성향과 자기 징벌은 바로 이 지섬에서 시작한다. 싦의 파고를 뛰어넘지 못한 데서 오는 무력감도 빼놓을 수 없을 것이다. 자신이 도무지 어떻게 해야 할지 모를 강력한 패배의 경험은 한 명의 인간을 사회에서 퇴각시키고 한정된 공간이나 자신의 내면에 가두어 놓는다. 히키코모리를 외부 세계로 나오게 하는 것이 어려움은 바로 이 때문이다. 그들을 바깥으로 나오게 한다는 것은 그들에게 있어

전대미문의 불안과 공포를 안겨줄 수 있는 곳으로 이끌어 낸다는 것과 마찬가지이기 때문이다. 그들을 강제로 바깥으로 끌어낸다는 것(예컨대 남성의 경우 군대에 강제로 입대시키는 등)은 성공 확률이 없다시피 한 도박을 하는 것이나 마찬가지다.

히키코모리에 대해 주의 깊게 탐구해 온 전문가들은 거의 하나같이 "우선 자녀와 깊은 대화를 나눌 것"을 강조한다. 자기 세계에 틀어박힌 이에게 조심스럽게 접근하고 그에게 손을 내민다. 나아가 열패감과 좌절, 회한으로 가득 찬 한 인간의 삶에 파고를 뛰어넘을 수 있는 힘을 길러 준다. 그 과정이 순탄치 않다는 것은 이 책을 읽은 이라면 쉽게 예상할 수 있을 것이다. 그러나 그러한 노력을 통해 한 인간이 다시금 삶을 얻을 수 있다면 그것은 해 볼 만한 가치가 있는 일이기도 할 것이다.

저자가 강조하듯이 진솔하고 평등하며 깊이 있는 '대화'는 히키코모리 문제를 목전에 둔 우리에게 가장 강력한 무기다. 그리고 히키코모리가 비록 인식되지는 못했지만 과거에도 존재했던 것과 마찬가지로 이러한 대화를 통해 히키코모리에 대처할 수 있음은, 그리고 이를 예방할 수 있음은 이미 과거부터 논해져 왔다. 단지 우리는 그러한 사례를 망각하고 있었을 뿐이다. 그러한 의미에서 조선일보 1983년 8월 23일의 기사, 「이것만이라도 실천해 보자 ─ 子女 얘기 듣는 자세부터」를 소개 ─ 상기 – 하면서 글을 마치고자 한다.

2026년 2월 20일 서울에서

이정민, 미우라 토모미

중소기업을 경영하는 40대 박 사장은 아이들 문제로 아내와 부부 싸움이 잦았다. 특히 장남이 대학 입시에 낙방, 재수를 하고부터는 언성이 높아지는 일이 많았다. 부부 싸움이 잦으니 집안 공기는 늘 어두웠다. 고교에 다니는 딸은 학교에 갔다 오면 제 방에 들어가 문을 꽝하고 닫아 걸기가 일쑤고, 중학에 다니는 둘째는 눈에 띄게 성적이 떨어졌다.

모든 게 못마땅한 박 사장은 그 책임이 아내에게 있다고 화를 냈고, 아내는 아내대로 아이들을 어떻게 혼자 키우느냐고 항의하다 보니 집안이 조용할 날 없고, 아이들은 더 비뚤게 나갔다.

생각다 못한 박 사장은 화목한 가정으로 소문난 한 친구에게 비결을 물었다. 그 친구가 가르쳐 준 방법은 '3분 대화'였다.

그날 저녁 박 사장은 저녁 식사가 끝난 후 응접실에 가족을 모았다. 두문불출이던 딸도 아버지 호령에 할 수 없이 나와 쭈그리고 앉았다.

냉랭한 분위기 속에서 아버지는 친구가 가르쳐 준 대로 아이들에게 3분씩 아무 얘기나 해 보라고 시켰다. 마지못해 아이들은 그날 있었던 일들을 이것저것 얘기했는데, 듣다 보니 모두가 비위에 거슬리는 얘기뿐이었다. 아내 얘기까지 다 듣고 난 박 사장은 일장연설을 했다.

마치 아이들 약점을 다 알았다는 듯이 나무라고 호통을 쳤다. 아이들은 주눅이 들어 제 방으로 돌아갔다. 다음날부터 아이들은 마지못해 나와 앉아 있기는 해도 좀처럼 솔직한 얘기를 하려 들지 않았다. 그게 또 비위에 거슬린 아버지는 다시 화를 냈다. 3분 대화는 실패한 것이다.

박 사장은 다시 친구에게 이 일을 얘기하고 도움을 청했다. 그 친구는 명령이나 호통 대신 아이들 입장에서 서서 얘기를 들어 주고 "아버지는 이렇게 생각하는데 네 의견은 어떠냐"하는 식으로 대화를 끌어가도록 일러줬다.

박 사장은 며칠 동안 그 방법대로 실천했다. 딱딱한 분위기를 없애기 위해 아이들이 좋아하는 간식도 마련했다. 아이들은 먹을 것에만 신경을 쓰다가 아버지의 들어 주는 방법이나 말하는 투가 전과 달라지자 차츰 자기 일을 터놓고 얘기하게 되어 갔다. (중략)

3분 동안 아이들은 그날 자기가 겪은 일이며, 어려운 점을 흉허물 없이 얘기한다. 부모는 이를 들어 주고, 잘한 일은 칭찬도 해 주고, 잘못된 일이라도 꾸지람보다는 이러는 게 어떻겠느냐고 조언해 준다. 끈기가 없을 때는 신념을 갖게 하고, 매사에 자신감을 갖도록 대화를 이끈다. (후략)

실질적인 도움이 필요한 이들을 위해

히키코모리에 대응하기 위해서는 먼저 그에 대한 지식을 필수
적으로 갖추어야만 한다. 이 책에서 다루는 내용도 결코 깊이가
얕지 않지만, 이해하기 힘든 문제에 대처함에 있어 지식의 양은
많을수록 유익할 것이다. 따라서 아래의 책들을 공히 추천하고자
한다.

은둔형 외톨이 가족모임,『은둔형 외톨이의 방구석 표류일기』,
행복한책읽기, 2021.
김혜원 외,『은둔형 외톨이 상담』, 학지사, 2022.
이영식·최태영,『은둔형 외톨이 탈출기 우리 모두의 이야기』,
학지사, 2022.
한국은둔형외톨이부모협회,『나는 은둔형외톨이 엄마입니다』,
수류화개, 2023.

지식 이외에도 실제적인 도움이 필요한 경우가 있다. 현재 보건복지부의 '청년 마음건강 지원사업'과 각 지역의 청소년 상담 복지 센터에서 유사한 업무를 수행하고 있으며, 이는 히키코모리의 인지 초기에 어떻게 대처해야 할지 모르는 본인과 부모에게 적지 않은 도움이 되리라 생각한다.

아울러 서울시에서는 '고립, 은둔청년 지원사업'을 실시하고 있다. "고립, 은둔 상황에 처해 있는 청년들이 삶의 활력과 동기를 얻어 사회로 안전하게 복귀할 수 있도록 심리 상담 및 맞춤 프로그램을 제공하는 사업"을 기치로 걸고 있으며, 맞춤 상담과 공동생활, 부모 교육 및 자조 모임의 형태로 지원하고 있다.

광주광역시에서는 2022년부터 '은둔형외톨이지원센터'를 운영하고 있다. 주로 은둔 성향 단계별 치유 프로그램과 집단 상담, 부모 교육 및 자조 모임 지원을 하고 있으며, 방문과 온라인 상담도 가능하다.